法律と根拠に
基づく
学校トラブル
解決

保護者をモンスター化させない10の対処法

三重大学教育学部附属学校企画経営室長
博士（学校教育学、医学）
松浦直己

三重大学学長顧問
弁護士、博士（医学）
楠井嘉行 著

中央法規

こんな保護者いませんか？

　対人トラブルは世のつきものです。とはいえ、学校関係者にとって保護者とのトラブルは深刻であり、子どもを含む学校生活に様々な障壁をもたらすため、何とか避けたいところでしょう。話し合いにより円満かつ穏便に進めたいと望むのは当然です。

　筆者は特別支援教育を専門としており、様々な方々から相談を受けます。例えば、通常学級の先生、校長先生、教育委員会の先生方、スクールカウンセラー、保育士、福祉関係者、司法関係者等々です。相談のスタートは子どもに関する内容なのですが、ほとんどの場合、「実は保護者との問題がありまして……」という展開はよくあります。

「1回電話をすると3時間ぐらい苦情を言われます」
「家庭訪問を強要されて、何時間も拘束されます」
「保護者の方が担任と話をしてくれない」
「問題行動があるのは学校が悪いからだと主張される」
「障害があるのだから問題を起こしても仕方がないと言われた」
「特別扱いはしてほしくないが、配慮はしてほしいと言われた」
「勉強ができるように、家庭訪問して指導してほしいと言われた」
「家でゲームばかりしているから、学校できちんと指導してほしいと言われた」
「マスコミに訴えるぞ！　と脅された」
「あの担任を解雇しろと管理職に言ってきた」

　以上のようなエピソードを苦しそうに話される相談者は後を絶ちません。ここに挙げた例以上に過激な要求や理不尽な要求、脅迫などを繰り返す保護者が、残念ながら少なからず存在します。そうした保護者にしつこく詰め寄られると、解決策も見つからず、着地点さえ見いだせない状況で、ため息しか出てこないのです。「どうしたらいいでしょうか？」

と助けを求める表情はあきらかに憔悴しきっています。

　常識ある保護者に対しては、常識の範囲で対応すれば、たいていは問題にならずに済むはずです。しかし、ある特性を持つ保護者の場合は、そうはいきません。

　「『最初に電話は30以内にします！』と宣言してからお話しください」とアドバイスすると、非常に驚いた様子で、「そう言っていいんですか？？？」と質問されます。「当たり前じゃないですか。３時間も拘束されると業務に支障が出るばかりか、先生のメンタルヘルスも損なわれてしまうでしょう。学校の先生は、精神的にも肉体的にも安定して職務を遂行する権利があるのですよ」と私は答えます。

　相談者の方は「？？？」という表情になり、たいてい１回では理解できないようです。教育公務員として、あらゆる非難や誹謗中傷にも耐え、過剰要求とわかっていてもひたすら相手の欲求に応えるために全力を尽くすしかない、そう考えているのです。

　「そんなことできっこないし、おかしいでしょ！　常識で考えましょう！」

　本書はこのような状況で苦しんでいる先生方、また管理職の先生方に対して、極めて対応の難しい保護者対応について、医学的・心理学的エビデンス（根拠）に基づいて、どうすればよいかを解説しています。同時に、法律の専門家の先生からも、法的根拠に基づいた対応の在り方をアドバイスしていただいています。

　教員の方々や学校現場がこれ以上疲弊してしまわないように、安心して子どもたちと向き合えるように、本書がお役に立てば幸いです。

著者代表　松浦直己

contents

はじめに こんな保護者いませんか？

第1章　なぜ学校と保護者はすれちがい、対立するのか

第1節・教員と保護者の認知バイアスが問題をこじらせる ……………… 2
- ① 教員が休職に追い込まれる現状と原因 ………………… 2
- ② 認知のバイアス ……………………………………… 4
- ③ バイアスを衝突させる学校教育や社会の背景 ………… 8

第2節・学校における保護者対応の実際と考え方 ……………… 14
- ① 生徒指導の限界と教員研修の悪弊………………… 14
- ② 全面的共感と傾聴の限界、教育的枠組みの設定………… 15

第3節・スクールロイヤーの役割と重要性 ……………………… 18
- ① スクールロイヤーの概要 ………………………… 18
- ② スクールロイヤーの実態 ………………………… 20
- ③ スクールロイヤーの限界 ………………………… 23
- ④ スクールロイヤーの重要性と今後の在り方……… 24

第2章　困難事例になるメカニズムと保護者特性の理解

第1節・学校トラブルで困難ケースに発展してしまうメカニズム …… 28
- ① 学校トラブルになりがちな子どもの特性……………… 28
- ② 学校トラブルになりがちな保護者の特性……………… 32
- ③ 学校トラブルになりがちな学校側の特性……………… 34

第2節・心理学における保護者特性の３つのエビデンス ⋯⋯⋯⋯⋯ 36

1 パーソナリティ障害全般の特性 ⋯⋯⋯⋯⋯⋯⋯⋯⋯⋯⋯ 36

2 被害者意識を科学する ⋯⋯⋯⋯⋯⋯⋯⋯⋯⋯⋯⋯⋯⋯ 39

3 負のパーソナリティ「ダークトライアド」⋯⋯⋯⋯⋯⋯⋯ 46

第3章　保護者をモンスター化させない10の対処法

第1節・学校側が徹底すべき「してはいけないこと」 ⋯⋯⋯⋯⋯⋯⋯⋯⋯ 54

対処法1 文書による回答をしてはいけない ⋯⋯⋯⋯⋯⋯⋯⋯ 55

対処法2 「相手の怒り＝こちらの落ち度」とすぐに思っては
いけない ⋯⋯⋯⋯⋯⋯⋯⋯⋯⋯⋯⋯⋯⋯⋯⋯⋯⋯ 61

[Column] 学校は常にダブルスタンダードを強要させられている ⋯⋯ 64

対処法3 解決済みの問題を蒸し返してはいけない ⋯⋯⋯⋯ 67

対処法4 相手の感情的決めつけに
振り回されてはいけない ⋯⋯⋯⋯⋯⋯⋯⋯⋯⋯⋯ 71

対処法5 保護者とのもろくて短期的な信頼関係に
囚われてはいけない ⋯⋯⋯⋯⋯⋯⋯⋯⋯⋯⋯⋯⋯ 76

[Column] 昔よりも子育ては難しくなっている ⋯⋯⋯⋯⋯⋯⋯⋯⋯⋯ 80

対処法6 同僚の教員や管理職の批判を鵜呑みにしない ⋯⋯ 83

対処法7 一方の子どもに都合がよいことでも
他方の子どもの不利益になることはしない ⋯⋯⋯ 89

対処法8 極端で過剰な要求をする保護者に
振り回されない ⋯⋯⋯⋯⋯⋯⋯⋯⋯⋯⋯⋯⋯⋯⋯ 95

対処法9 本質的な問題解決を見失わない ⋯⋯⋯⋯⋯⋯⋯⋯ 101

対処法10 謝罪することで早期の解決を
目指してはいけない ⋯⋯⋯⋯⋯⋯⋯⋯⋯⋯⋯⋯⋯ 106

第2節・学校側の対応の枠組み……………………………………111

第4章 事例でわかる 根拠に基づく 保護者把握と対応ポイント

第1節・いじめの訴えを繰り返す事例……………………………114

 事例1 いじめの訴えから、関係性がこじれたケース…114

 1 保護者の特性をつかむ〈第2章を踏まえて〉…………………116

 2 対応のポイント〈第3章を踏まえて〉………………………118

 ▷スクールロイヤーからのアドバイス……………………122

第2節・子どもの学力保障について過剰対応を迫る事例……………124

 事例2 中学受験に向け、特別扱いを含む過剰要求をする

     保護者のケース……………………………………124

 1 保護者の特性をつかむ〈第2章を踏まえて〉…………………126

 2 対応のポイント〈第3章を踏まえて〉………………………131

 ▷スクールロイヤーからのアドバイス……………………133

第3節・過剰要求がエスカレートする事例……………………………135

 事例3 不安が強く、あらゆることを学校に依存する

     保護者のケース……………………………………135

 1 保護者の特性をつかむ〈第2章を踏まえて〉…………………137

 2 対応のポイント〈第3章を踏まえて〉………………………141

 ▷スクールロイヤーからのアドバイス……………………144

おわりに 全国の"アンサング・ヒーロー"に本書を

第 1 章

なぜ学校と保護者は
すれちがい、
対立するのか

保護者と学校が対立してしまうの
は、実はどちらにも原因がありま
す。それを知って、対立の渦に巻き
込まれないようにしましょう。また、
スクールロイヤー（弁護士）の役割
についても知っておきましょう。

第1節 教員と保護者の認知バイアスが問題をこじらせる

1 教員が休職に追い込まれる現状と原因

　図1-1は過去10年間の教員の精神疾患による休職者数です。令和3年度は急増し、1年間で約6000人にのぼることがメディアでも大きく取り上げられました。特に20代の教員の割合が高いことや、1か月程度の短期休職も加えると、1万人をはるかに超えており、全国では年間100人に2人程度の教員が精神疾患で休職しているのです。

■図1−1　教育職員の精神疾患による病気休職者数の推移（平成24年度〜令和3年度）

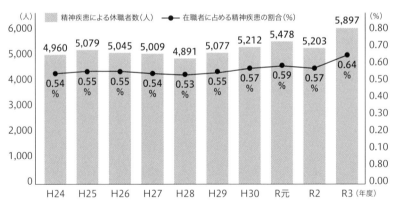

資料：文部科学省「令和3年度 公立学校教職員の人事行政状況調査について（概要）」（令和4年12月26日）
※公立の小学校、中学校、義務教育学校、高等学校、中等教育学校、特別支援学校における校長、副校長、教頭、主幹教諭、教諭、養護教諭、栄養教諭、助教諭、講師、養護助教諭、実習助手及び寄宿舎指導員（総計919,922人（令和3年5月1日現在））

　これは間違いなく異常事態です。1人の教員が精神的に追い込まれて休職するということは、その教員のみならず、家族の方々にとっても大

変な苦痛なのです。悩み、傷つき、追い込まれて休職するという選択肢しかなかったという、非常事態に置かれていたということです。

筆者自身も校長をしており、私の家族・親族も教員をしている状況を鑑みると、全国でこれだけたくさんの教員が苦しい経験をせざるを得なかったという背景に、悔しささえこみ上げてきます。教員は精神的にも肉体的にも、安定して職務を遂行する権利があるはずです。しかしながら、そのように認識している教員はほとんどおりません。むしろあらゆる面で子どもたちや保護者のために献身的に働くことを当然と捉え、自己犠牲的なまでに職務に専念しているのです。精神疾患等で休職している教員は、いわば「バーンアウト」、すなわち「燃え尽き症候群」の状態です。バーンアウトは、長時間、自分の対処能力を超えるような過度のストレスを受け続けたときに、意欲などが減退し、疲れ果ててしまう症状を意味します。

大竹ら[1]は看護師を対象として興味深い研究をしています。思いやりのある、利他的な（自分よりも他人のことを重視し行動する）特性をもつ看護師ほど離職しやすいというのです。また、純粋な利他性を有する看護師ほど、そうでない看護師と比較して睡眠薬や精神安定剤・抗うつ剤を常用している可能性が高かったのです。

利他的で思いやりのある看護師ほど、必要な治療を患者が拒否すると適切な医療行為を実行できなかったり、顕著に疲弊しやすかったりしたそうです。つまり、思いやりや利他性が強い人は看護師に向いていないのではないか、と問題提起しています[1]。

さて、このような状況は学校の教員にも共通しています。対人援助の職業ですから当然でしょう。教員の多くは思いやりがあり、共感性が豊かで利他的です。他者の喜びを自分事のように捉え、他者の苦しみを積極的に分かち合おうとします[2]。現職の大半の教員も、それらは教職を目指す者の必須の資質であると考えているでしょう。しかしながら、

そのような特性のある教員のほうが、実は休職しやすく教員に向いていないとなれば、大変なことになります。

　そもそも、これだけたくさんの教員が休職する理由・要因はどこにあるのでしょうか？　文部科学省の調査によると、主に４つに絞られます。

①増加する一方の雑務

②難しさを増す学級経営

③保護者対応

④複雑化する職場の人間関係

　分析すると、極めて対応の難しい子どもとの関係がうまくいかず、加えて保護者対応に忙殺され、どうしていいかわからない状況で、管理職や周囲の教員から適切な援助を受けることもできない、という背景が浮かびあがってきます。

　2000年代には病気休職者に占める精神疾患の割合は５割程度でしたが、近年では６割から７割程度まで上昇しています。つまり近年の動向は２つに集約されるのです。

①休職者の多くが20代および30代の教員である

②休職者の多くが精神疾患によるものである

　この動向は今後も継続するか、もしくは加速化するでしょう。一旦このような社会的動向が定着すると、しばらくは持続するのが通例です。なぜこのような事態に至ったのか、根拠に基づいて分析する必要がありますが、次の第２節で述べるような背景・事情が根底に存在すると考えています。

２　認知のバイアス

　これから、極端にこじれた学校トラブルで疲弊した教員の特性や、対応の難しい保護者の主要な特徴についてお話しします。このような教員

や保護者に共通しているのは「認知の歪み」です。心理学では「認知バイアス」と表現することがあります。少し難しくなりますが、**認知バイアスとは、「物事の判断が、直感やこれまでの経験に基づく先入観によって非合理的になる心理現象のこと」** です [3]。

　一例を挙げれば「正常性バイアス」といったものがあります。人が異常事態に直面したとき、無意識かつ自動的に「これは正常な範囲内だ」と認識してしまうことです。大災害ですぐにでも避難しなければならないのに、「まあ自分だけは大丈夫だろう」とか「そこまで大きなことにはならないだろう」と考えてしまい、リスクを過小評価してしまう認知傾向のこと指します。「自分だけはオレオレ詐欺には引っかからないだろう」というのも典型的な「正常性バイアス」です。以下に、学校トラブルに共通する2つの認知バイアスを紹介します。

■1 教員の認知バイアス

　多くの教員が持っているのが「帰属バイアス」です。帰属バイアスとは、起こってしまった出来事や行動の原因をどこかに求めてしまう心理的傾向のことです。あくまで個人の**主観的な解釈**であり、正確である保証はありません。むしろ、その場の偏った解釈で、一層ねじ曲がったバイアスが暴走することすらあります。保護者から強烈なクレームが寄せられた場面では、教員は以下のような思考に陥る傾向があります。

- クレームがあるということは、学校や自分たちに責任があったに違いない
- きっかけは学校にあるのだから、自分たちが謝罪するべきである
- 以前起こったことも学校に責任があるのだから、今回のこともその延長線上と捉えなければならない
- 学校は全ての保護者の期待に応えなければならない

- 今回の要求に対して不満を持たれると、一切信頼してもらえなくなる

2 対応の難しい保護者の認知バイアス

　一方で、極めて対応の難しい保護者が持っていることが多いのが「確証バイアス」です。「確証バイアス」とは「仮説や信念を検証する際に、それを支持する情報ばかりを集め、反証する情報を無視、または集めようとしない傾向のこと」です。新型コロナウイルスワクチンに否定的な人は、インターネットを使用して自分に近い意見だけを収集して自分の正しさを主張しようとします。たった1人でも自分と同じ意見の人がいれば、「みんな、〇〇と言っている」と強弁する人もいます。これらが「確証バイアス」です。学校側と衝突したりトラブルを起こしたりする保護者は、以下のような主張をする傾向があります。

- 学校の対応が悪いからこのようになっているはず
- 学校は何か隠しているに違いない
- 先生は保護者に知られたら困ることをやっているはず
- 学校は自分のクレームに対して、反撃などしない（都合が悪いこ

とがあるはずだから）
- 子どもの問題は、学校の対応と何らかの因果関係があるはずだ
- 強く主張すれば、学校は対応するはず、対応すべきだ

❸ 2つのバイアスが生じさせる学校トラブル

　2つの認知バイアスが衝突するときに、致命的にこじれることがあります。学校側は何とか穏便に済ませようと、過剰に謝罪を繰り返したり、責任の所在の曖昧な部分まで全て学校側の責任を認めようとしたりします。学校側が責任を認めると、保護者は「やはり学校側の対応に問題があったのだ」という確信を強め、事実とはかけ離れたとしても「確証バイアス」を強化していくことになります。

　一旦この不合理で脆弱な関係が構築されると、些細なことでも子どもに関連し、かつ対象児童生徒や保護者が100%納得できないことがあると、「全て学校が責任をとれ」とか、「私たちが納得するまでとことん対応せよ」といった常識離れした過剰要求が常態化することさえあります。このような関係が成立すると、教育的に正しくないことまで対応せざるを得なくなるのです。例えば、担任がどんなに誠実に対応しても認めてもらえないとか、特定の教員の人格攻撃にまで発展する、といったことが起こります。学校側は異常なほど忖度し、その姿勢をみた保護者はさらに強固な態度を示すといった悪循環が固定化します。

　このような事態は決して稀ではありません。むしろ至るところで発生していると言っても過言ではないでしょう。常識から逸脱した主張や、学校を疲弊させる過剰要求に対して、**「教育的に正しいかどうか」** を判断基準にして毅然と対応できている学校はどのくらいあるのでしょうか？　正確な調査結果など望むべくもありませんが、それほど多くはないでしょう。だからこそ先述したように、教員の精神疾患の発生率増加の一因になっていると推測できます。しかしながら、この現象の背景に

は日本独特の学校教育の風土や社会の背景があるのです。

3 バイアスを衝突させる学校教育や社会の背景

　前述のような学校側と保護者側の認知バイアスの問題は古くから存在していました。2000年代にモンスターペアレントが社会問題化され、メディアでも大きく取り上げられました[4-6]。保護者の過剰要求自体は洋の東西や時代を問わず存在していたのです[7]。近年の現象を分析するためには、日本独特の教育に関する背景と、最近になって顕著になっている要因を組み合わせながら考察していく必要があります。以下の3点にまとめます。

■1 児童生徒の問題の全ての責任が学校にあると考えられている

　スクールロイヤーである神内は「学校外での児童生徒のケンカが原因である紛争を仲裁することは妥当か?」という問いに、「このようなケースでは原則として学校が紛争解決に関わるべきでない」という見解を示しています[8]。法律の専門家で意見が割れることはないでしょう。

　一方でこのようなケースは散見されます。例えば、生徒AとBが自宅で夜間に課金ゲームやギャンブルゲームに興じていたとしましょう。AはBに数万円の借金を負うこととなりました。AとBが同一校で親しい関係にある場合、保護者によってはその指導を学校に依頼、もしくは一任するケースがあります。

　第一義的には自宅でのゲーム遊びや小遣いの管理、学校外での友達との交際など、全て保護者が指導すべきことです。よって安易に学校が指導に当たるべきではありません。しかしながら、保護者が学校に強く依頼してきた場合、渋々ながらも生徒に対する指導や、弁済方法や金銭管理まで、教員が面倒を見るということは少なくないかもしれません。

　実はこのような過剰な対応が落とし穴になることは多いのです。この
ケースではすでに金銭面で加害者と被害者が発生しています。指導を依
頼したのは保護者側ですが、全面解決を学校側に丸投げしておきながら、
自分たちが望むような解決に至らない場合は学校側の対応を批判する、
という身勝手なクレームに発展しかねません。このようなケースを安易
に引き受けると、不要なリスクを抱え込むばかりか、保護者自身に問題
解決スキルをつけてもらうチャンスも逃すことになります。

　これらは、学校で起こったことは全て学校の責任であり、学校関係者
が関与する事案であれば全て学校側が問題解決の中心になるべきとい
う、極端な学校責任原理主義ともいえる風潮が蔓延していることによる
弊害であるともいえるでしょう。

　教員は頼られると拒否することが苦手です。何か違和感を覚えながら
も、「保護者の信頼を得られるのであれば」という誘惑に、合理的判断
を鈍らされてしまうのかもしれません。社会全体が学校の役割を拡大解
釈しすぎていることと、学校側も自らの守備範囲を無制限に拡大させて
しまったことが相まって、このような学校トラブルが発生することにな
るのです。

　重要なのは、学校教育の枠組みを明確に保護者に説明することです。
「この範囲の中で子どもたちの教育を淡々と展開していきます」という、

学校がやるべきことについて明瞭な枠組みを示すことが重要です。「そ
れは、本来は家庭で教えるべきことです」と保護者に堂々と伝えること
ができるでしょうか？　いろいろな本で「毅然と」という表現が使用され
ていますが、このような対応こそ、「毅然」であることを認識しましょう。

❷ 学級担任の職務内容が無限といってよいほど幅広い

　学級担任の職務内容が多様かつ多岐に渡りすぎることの弊害は以前か
ら指摘されていましたが、なぜそうなってしまったかを議論することは
少ないようです。以下２つの視点で考察してみましょう。

①学校と家庭の役割分担が曖昧である

　「しつけ」に関することは基本的に家庭ですべきことであり、基本的
学習習慣の定着や最低限の学力定着についても、第一義的には保護者の
監督や責任が優先されるべきです。しかし、忘れ物が極端に多かったり、
著しく授業態度が悪かったり、極端な学力低下が認められる子どもがい
る場合、学校の問題だと捉える保護者はある一定程度存在していますし、
学校の教員もそう信じています。神内は学校と家庭の役割分担ができて
いない点は法的というよりは社会的問題であると指摘 [8, 9] しています
が、まさにその通りでしょう。例えば、食に関すること（食育）や経済
的な感覚を養うこと（金銭教育）など、本来は家庭で教えるべきことを、
「学校がきちんと教えるべき」と社会全体が考えてしまっています。こ
の延長線上として、自転車の乗り方、電車の乗り方、スマホの使い方ま
で、何か問題が起こると、「学校がちゃんと教えていないのでは?」な
どと、テレビのキャスターが無責任に発言することがしばしば起こって
いるのです。

　子どものいじめが発生した場合、養育責任のある加害児童生徒の保護
者の責任が問われることはまずありませんが、学校の責任はとことんま
で追及されます。学校外で発生した事件でさえ、学校の指導不十分とし

て非難されることもあるのです。このような不合理な事象や批判を、学校全体が甘んじて受け入れている状況も問題です。

②日本型学級集団を機能させるための代償

日本の学級担任は、教科指導はもちろん、生徒指導や特別支援教育、進路指導や生活指導全般も任されています。その上に、本来事務職員がすべき膨大な書類作成なども一手に担っています。

河村が指摘しているように、欧米の学級集団は一緒に学習するという機能的な特性が強く、日本の学習集団はある種のムラ組織のような、共同体の特性を有しています[2]。学習集団の質が高く、子ども同士の信頼感、子どもと先生との信頼感が高度に維持できれば、教科指導も生徒指導も、生活指導全般も全てうまくいくのです。これは学級経営が良好な状態です。一方で学級経営に破綻が生じ、学級集団が不安定になると、あらゆることが行き詰まり、うまくいかなくなります。

そこで教員は子ども一人ひとりの信頼を得るために、そしてその背景の保護者の信頼を獲得するために、あらゆる要求に対して真摯に対処しようとします。人間関係の維持が第一優先となり、不合理な要求や要望であっても、それを呑むことで学級経営を良好に保持したいという誘惑に駆られることがあるのです。これらが「日本型学級集団を機能させるための代償」を支払うことになるメカニズムなのです。

3 特別支援教育や個別指導が当たり前と思われている

2007年に文部科学省は障害のある全ての幼児児童生徒の教育の一層の充実を図るため、学校における特別支援教育の推進を宣言しました（文部科学省「特別支援教育の推進について（通知）」19文科初第125号、平成19年4月1日）。このこと自体は望ましい方向性であり、社会全体が特別支援教育を推進するよいきっかけになったことは間違いありません。その一方でいくつかの負の側面も散見されます。

①極端な「個別の指導」や「インクルーシブ教育」への傾倒

　学級で問題行動が多発すると、学校も保護者も「個別の支援」や「担任以外の人的配置」を要望しがちです。しかしながら、安易な個別支援は良好な結果につながりません。特に行動面での問題（かんしゃくや暴言）では、外部人材を活用することにより、担任との距離が大きくなったり、生活ルールが曖昧になったりして、マイナスの結果に至ることが多いのです。このあたりは拙著をご参照ください[10, 11]。

　結果の責任を伴わない指導員の先生を配置する際には特に留意が必要です。このようなケースで重大な問題行動が発生した場合、その責任の所在について、学校と保護者が深刻に対立することもあります。

　安易な個別対応とともに、強迫的なインクルーシブ教育も問題です。明らかに学習内容や学習環境が特定の子どもに則していない場合、1日に1、2時間程度の別室等の個別学習は望ましいはずですが、保護者の理解が得られなければ、担任が過度に疲弊してでも一緒に学習させなければならないと考えている学校がほとんどです。理念先行の教育観や、スキルのある外部人材の不足が、教員を疲弊させている可能性があります。

②保護者の過剰要求の問題

　全般的に発達に遅れがあったり（知的障害）、読み書きに障害があったりする場合、子どもや保護者が努力していても学力遅滞に陥ることはあります。しかし、保護者の強い要望により、学年相応に追いつかせたいという非現実的な目標設定を共有せざるを得なくなり、学校が苦しい立場に追い込まれることがあります。「放課後等に個別指導をしてほしい」とか「課題を考えて提示してほしい」という要望は、常識的範囲であれば全く問題ないのですが、極端過ぎて担任の通常の業務を圧迫するようであれば「過剰要求」といえます。「テストで全ての文字にふりがなをふってほしい」とか、「テストでは全て録音データを作成して読み

上げてほしい」などの要求も、学校側としてはできないとは言えず、対応しているのが現状だと思います。

③「特別支援教育が充実していない」と安易に判断される

　書店に行くと、特別支援教育に関する書籍は豊富に取りそろえられて、「こうすれば発達障害がよくなる」とか、「これでうまくいく！」というキラキラしたワードで飾られています。しかし、本当にそうでしょうか？特別支援教育の専門家として、ごく控えめに表現すれば、子どもの学習や行動の問題が、簡単によくなることはほとんどありません。むしろ、丁寧かつ継続的な取り組みを実施したとしても、鮮やかな効果が発現することは稀です[12]。

　学校で問題が発生すると、メディアでは「学校が問題を認識していなかったか、適切に対応できていなかったのだろう」と一方的に責任の所在を学校側に押しつけることがあります。特別支援教育の対象の子どもの問題が発生すると、その学校もしくは所管する教育委員会の「特別支援教育体制」の問題をことさら強調されることがあるのですが、明らかに公正性を欠いています。どんなに教育体制を強化しても、何の問題も起こらない組織など存在しません。このような事態が継続すると、教員はさらに疲弊し、あらゆることに忖度していくこととなります。

　前述した認知バイアスがもつれたまま進行すると、保護者は「こんなに訴えているのに、なぜ学校はわかってくれないのか？」と不満を募らせ、学校側は「こんなに誠実に対応しているのに、なぜ保護者はわかってくれないのか？」と悩むことになります。つまり、**すれ違う関係は、自分達のロジックで考えて対応している限り、永遠に解決することはないのです。**

1　生徒指導の限界と教員研修の悪弊

　学校の教員が受講する、保護者対応についての研修は生徒指導関連の中で実施されることが多いようです。それらの研修で強調されるのは以下の点です。

- ●あくまで否定せずに話を聴く
- ●全て一旦受け止めて、後で対応を考える
- ●寄り添う姿勢を大切にする
- ●こちらに非があればまずは謝罪する

　保護者がごく常識的な人であったり、複雑な事情が背景に存在していなかったりする場合、これらの対応は間違っていません。むしろ、積極的にそうすべきです。一方で、保護者が明らかに極端な受け取り方をしていて、事実と異なる主張をしている場合、このような対応は学校や担任にとって命取りになる可能性があります。

　一例を挙げてみましょう。4年生のA君とB君は大の仲よしです。仲がよすぎてふざけた結果、お互いに怪我をしてしまうような事故に発展しました。あくまで双方向的な事故であり、故意的な暴力ではありませんでした。しかし、A君のご両親は、「深刻ないじめであり、徹底的に調査をして、B君や保護者の責任を強く追及する」ことを主張したとします。

この場合、「あくまで否定せずに話を聴く」対応をしてしまうと、A君の保護者の主張が正しくなってしまい、間違った受け取り方が事実化します。「全て一旦受け止めて後で対応する」と、一旦受け取ったのに、後になって「なぜ学校はひっくり返すような対応をとるのだ」と学校側の責任にまで拡大化することさえあります。

寄り添うことや謝罪することが、事実をさらに歪め、相手の怒り感情を増大・増悪させることがあり得るのです。前述の対応は一般的に正しいのですが、対応の難しいケースでは全く不適切な上に、状況を悪化させてしまいます。

このように、論理的に考えれば簡単なことが、教員研修で共有されることはありません。このような話をすることさえもタブー視されていると言ってよいでしょう。そこに問題提起をして、具体的な解決策を提示する、本書の意義はそこにあるのです。

2 全面的共感と傾聴の限界、教育的枠組みの設定

対人援助の仕事をしていれば、「全面的共感」や「非指示的療法」といったキーワードを学んだはずです。クライアントを中心に置き、クライアントの言うことに耳を傾けていれば、自然と物事は解決する、という論理です。

前述したように、共感性が高い人ほどこの論理に魅了されます。思いやりを持って相手の立場を最大限尊重する姿勢があれば、ほぼ、どんな問題も解決できるという治療法なのですから。

一方で全く異なるエビデンスもあります。問題行動を多発させる、対応が困難な子どもへの治療の研究において、その子どもとフレンドリーな会話をしたり、遊んだり、保護者と日常的に会話を重ねて信頼関係を築くことは効果的な治療につながると考えがちですが、そのような心理

療法の有効性は一貫して認められていません[13, 14]。

　したがって、そうした「非構造的心理治療」によらず、問題行動を減少させるための目標設定を共有し、具体的な対応策もすりあわせ、学校と家庭が協働態勢を構築することができれば、指導効果はてきめんに現れるでしょう。このような対応を「構造的心理治療」といいます。

　残念ながら学校における保護者対応とは、多くが「非構造的心理治療」になってしまっているのです。問題が発生してもその原因や解決策を曖昧にしたまま、短期的で脆弱な保護者との信頼関係を優先し、目標設定を後回しにしてしまっているのです。

　ほぼ根拠がない、「全面的共感」や「傾聴」というキーワードに惑わされて、「非構造的心理治療」に盲目的に取り組んでいる、といっても差し支えないでしょう。もちろんくどいようですが、常識的な保護者のケースでは全く問題がないのです。しかし、極めて対応が難しい保護者に対しては、この点を論理的に踏まえておかなければなりません。

　心理学での「構造的心理治療」とは、わかりやすくいうと、学校での「教育的枠組み」です。「教育的枠組み」を明確にすることで、問題発生時の対応はスムーズになり、何より学校の教員が安心して勤務できるようになります。

　どのようにしたらよいか、具体的に示しましょう。「教育的枠組み」を明確にして、学校が「できること」「できないこと」「教育的に対応すべきこと」「教育的に対応すべきでないこと」を保護者と学校側が共有しましょう（**図1-2**）。

　問題がある場合には、保護者と学校がどのように協力し合えるかを検討しましょう。方向性のすりあわせができたら、達成可能な短期目標を設定しましょう。これを、「教育の構造化」といいます。「教育的枠組みを設定する」とは、すなわち「教育の構造化」を進めることなのです。

■図1-2　教育的枠組みを明確にする

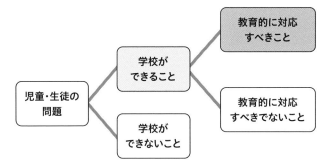

学校が できること	教育的に対応すべきこと	・学校で発生したトラブルの対応 ・学習や発達面の支援 ・対人スキルを身につけさせる
	対応すべきでないこと	・一方的に懲罰を与える ・警察的な捜査 ・裁判所的な責任割合の算定
学校が できないこと	保護者に一義的責任が あること	・しつけ ・生活習慣や学習習慣をつけさせる ・メディアとのつき合い方
	警察などの外部機関が 対応すべきこと	・学校外で発生したトラブル ・金銭や傷害等に関する犯罪

1 スクールロイヤーの概要

第3節では、弁護士の立場から、スクールロイヤーについてお伝えします。

■1 スクールロイヤーとは

平成31年1月、中央教育審議会は、学校における働き方改革を実現するため、教員および専門スタッフ等の学校指導・運営体制の効果的な強化・充実のための環境整備の一環として、「学校への過剰な要求も含めた学校を取り巻く諸問題について法的助言等を行うスクールロイヤーの活用促進」等が不可欠であると答申しました。[15]

スクールロイヤーの明確な定義はありませんが、学校設置者から委託を受けて、教育現場で生じる様々な紛争の解決をサポートする弁護士であると説明されることもあります。[16]

■2 教育現場における弁護士の必要性

学校や教育委員会は、虐待やいじめのほか、保護者の過剰な要求や学校事故への対応等の諸問題について、法律の専門家である弁護士に相談する機会が増えており、対応に苦慮した教員や教育委員会職員の真剣な相談が増えています。

筆者は複数の地方自治体の法律顧問を担っているほか、所属弁護士を地方自治体に任期付公務員として派遣しています。学校問題に関する相

談は相当増えており、事案も複雑化しているという印象です。教員が保護者から長時間にわたり電話で罵倒されたり、家庭訪問をした際に深夜まで帰らせてもらえなかったりという相談も少なくありません。教育現場は刻々と変化しますので、総務課や教育委員会を経由していては迅速な対応ができず、学校の担当者と直接お話をさせてもらうこともあります。

❸ 予防法務

　企業では、将来の紛争の発生を未然に防止するための取り組みとして「予防法務」が浸透しつつあります。教育現場には、教員、児童生徒のほか保護者、近隣住民、卒業生など様々な関係者がいます。これまでは紛争が発生してから相談を受けることが多かったですが、最近は「トラブルに発展しそうだから事前に法的な見解を聞きたい」と言われることも多くなりました。児童・生徒の家庭内の問題に巻き込まれる教員も多く、保護者からの電話には勤務時間外まで対応する義務はない、相手の同意なく録音をしても法的には問題がないこともあると伝えると、驚いた顔をする教員が少なくありません。相談を終えると「楽になりました」と安堵する教員もいます。

　コロナ禍の影響もあり、うつ病など精神疾患を理由に休職した公立小中高・特別支援学校の教員は2021年度に過去最多となり[17]、教員の精神的ケアも重要な課題となっています。弁護士に相談して後ろ盾を得ることで、精神的負担を少しでも軽減してもらうことは弁護士の重要な役割といえます。

❹ 教育行政に係る法務相談体制について

　弁護士等の法律の専門家と教育委員会の連携の必要性が増しているといえますが、全国において連携の実績が蓄積されているとはいえません。

このような状況を踏まえ、文部科学省は令和3年6月、全都道府県・指定都市及び市町村教育委員会に対し、①教育委員会事務局として弁護士に相談できる体制の有無、②専ら教育行政に関与する弁護士に相談できる体制の有無等について調査を行いました[18]。①教育委員会事務局として弁護士に相談できる体制がある地方自治体は、都道府県と指定都市で100%、市区町村で約94%となりました。

　他方で、②専ら教育行政に関与する弁護士に相談できる体制がある地方自治体は、都道府県で約79%、指定都市で75%、市区町村で約10%（うち中核市は約66%）という結果でした。市区町村では、教育行政に関与する弁護士に相談できる機会が少なく、まだまだスクールロイヤーの必要性は高いと考えられます。

2 スクールロイヤーの実態

1 実態調査

　日本弁護士連合会が2021年9月から10月にかけて実施したアンケートによれば、対象期間（2019年9月から2021年8月までの2年間）中に学校に関わった弁護士の人数は379名で、具体的な関わり方としては、助言・代理業務、出張授業、研修業務などが挙げられています[19]。

2 スクールロイヤーの勤務形態[20]

　スクールロイヤーの勤務形態は、地方自治体等により異なっています。神奈川県川崎市は、教育委員会が法律相談弁護士という職で弁護士を会計年度任用職員として雇用しています。週に1回、教育委員会事務局に勤務し、学校現場からの相談・研修の実施を主な業務とし、具体的にはいじめや学校事故などの事案への対応方法などの相談にあたっているほか、教育委員会事務局からの相談、教員や教育委員会事務職員向けの研

修なども行っているようです。

　また、埼玉県さいたま市は、2019年からスクールロイヤー制度を導入しており、市内を10区に分けて、各区に1名のスクールロイヤーを配置しています。学校からの相談対応、教員向け研修、児童生徒向けいじめ予防授業、学校内の会議に参加して助言しています。

3　スクールロイヤーとしての業務内容

①筆者の事務所における取り組みと実情

　筆者が代表を務める法律事務所では、A大学の教育学部附属学校（幼稚園、小学校、中学校、特別支援学校）のスクールロイヤー業務を担っています。また、月6日任期付短時間公務員として学校現場の相談、保護者の家庭問題の相談にのる弁護士をB市に派遣しています。学校現場におけるトラブル等の対応経験が豊富で、教育委員会からの相談等に関与している弁護士もいます。いじめ事案の第三者委員会の委員として、医師、公認心理士、大学教授等の専門家と連携して具体的事案に関与する弁護士もいます。

　A大学では学校に常駐こそしていませんが、教員や教育学部の職員からの相談に随時対応しています。面談（オンラインを含む）のほか、電話、メール等も活用しています。休日や夜間等で緊急の場合には、担当弁護士の携帯電話に連絡が入ることもあります。事案の対応について、学校や大学での打ち合わせ等に出席することもあります。

②相談内容

　相談内容は多岐に渡っており、児童生徒又は保護者からいじめの訴えがあった場合の対応、保護者からの不当な要求への対応に関する相談をはじめ、授業で使用する教材等の著作権の取扱いなど知的財産の分野に関わるものもあります。筆者の事務所では、弁理士資格を有する弁護士も在籍しており、知的財産に関する相談等に対応しています。

教育学部の職員からは、情報開示請求に対する対応や、今後の部活動の在り方（地域移行等）に関する法的な問題点等に関する相談を受けることもあります。

③具体的な事案への関与

学校現場で生じる問題の多くは、1回の相談のみでは解決しません。事案は刻々と変化するため、継続的に相談を受けつつ、教員のみでは対応が困難な場合には、保護者との面談に弁護士が同席することもあります。

保護者との面談に同席する場合は、対応自体は教員を中心に行い、弁護士は見守りつつ、必要に応じ法的な立場から意見を述べることが多いです。面談に先立ち、保護者から「なぜ弁護士がいるのか」と聞かれることもありますが、対応する教員から「この件は法的な問題もあり、法的な見解を伺う必要がある場合もあるので、同席してもらいます」という説明を行ってもらいます。これまでに同席自体を断られた経験はありません。

ある事案は、いじめの被害者とされる保護者と加害者とされる保護者の対立構造が顕在化し、教員が双方の保護者から「学校の対応が悪かったのではないか」と長時間にわたり責められ、肉体的・精神的に疲弊し、休職に至る教員が出るほどでした。そこで、担任ではなく管理職が保護者対応を行うこととし、保護者との面談時にスクールロイヤーの専任弁護士が同席することになりました。弁護士が同席することで、保護者の態度が軟化する場合があります。また、自らの主張を延々と述べる保護者もいますが、弁護士が保護者の要望をまとめ、争点を整理し、主張を整理することで、協議すべき点が明確になるという効果が期待できます。さらに、教員のみが対応していた場合には、時間の際限なく対応することを余儀なくされる場合がありましたが、弁護士からであれば「他の業務もあるので、今日のお話は午後〇時を目途にお願いします」と事前に

申し出やすく、時間を区切って対応することができ、学校側の負担もかなり軽減されるという効果もあります。

④研修

　学校の教員や大学の教育学部の職員向けに研修を担当することもあります。教員に対しては、いじめや学校事故に対する初期対応のほか、LINEによるいじめや個人情報の漏えい等のSNSトラブルに関する研修などを行っています。

　地方自治体の教育委員会から研修の依頼を受けることも多く、小中学校の校長・教頭などの管理職に向けたいじめ対応に関する研修なども行っています。

3 スクールロイヤーの限界

　教育委員会に対して不当な要求を行う保護者に対しては毅然とした対応はできますが、学校に対して不当な要求を行う保護者に対しては、児童生徒の在学中は毅然とした対応を取りにくいという教育現場特有の問題があります。法律を適用しただけでは解決できない問題も少なくなく、スクールロイヤーも万能ではありません。教育は児童生徒を信じて

伸ばすというのが根本です。法律で割り切ることには限界があります。

　筆者は教員免許を有しており、大学等でも講義を担当しています。教育関係者からの相談もよく受けますが、そのような弁護士は多くありません。スクールロイヤーは、教育現場や教員の実態をよく知る必要があり、教育行政等について勉強しなければなりません。

　学校でのトラブルの当事者となる児童生徒は、家庭内におけるトラブルを抱えていることも少なくなく、その場合には福祉的な配慮も必要となります。筆者の法律事務所でスクールロイヤー業務を担当する弁護士の1人は、社会福祉士の資格を取得し、福祉的な見地からも助言等をしています。

④ スクールロイヤーの重要性と今後の在り方

　相談を受けた教員からは、すぐに弁護士に相談できることはありがたい、相談して楽になった等の意見をいただくことがあり、スクールロイヤーの重要性は今後さらに増してくるものと思われます。

　しかし、先に紹介した文部科学省の調査では、「今後自治体の顧問弁護士とは別に専ら教育行政に関与する弁護士に相談できる体制を新たに構築することを検討しているか」との問いに対し、都道府県の80％、指定都市の40％、市区町村の94.6％が「検討していない」と回答しており、「自治体の法務全般に関与する顧問弁護士で十分対応できている」のほか「予算の確保が難しい」との理由が挙げられています。

　2020年度から都道府県および指定都市教育委員会における弁護士等への法務相談経費について普通交付税措置が講じられていますが、スクールロイヤーを定着させるにはさらなる国等の支援も望まれるところです。

　スクールロイヤーが学校問題に関わる法的な対応について参考となる

事例集の作成に関与したり、スクールカウンセラー、スクールソーシャルワーカーなどで構成される緊急支援チームに加わっているなどの先進的な取り組みもあるので、スクールロイヤーの重要性は高まると思われます[21]。

【文献】
1. 大竹文雄・平井啓編著『医療現場の行動経済学 - すれ違う医者と患者』東洋経済新報社, 2018.
2. 河村茂雄『日本の学級集団と学級経営 - 集団の教育力を生かす学校システムの原理と展望』図書文化社, 2010.
3. 鈴木宏昭『認知バイアス - 心に潜むふしぎな働き』ブルーバックス, 講談社, 2020.
4. 山脇由貴子『モンスターペアレントの正体 - クレーマー化する親たち』シリーズCura, 中央法規出版, 2008.
5. 諏訪耕一編著『教師のためのモンスターペアレント対応55』黎明書房, 2008.
6. 本間正人『モンスター・ペアレント - ムチャをねじ込む親たち』中経出版, 2007.
7. 多賀幹子『親たちの暴走 - 日米英のモンスターペアレント』朝日新書, 朝日新聞社, 2008.
8. 神内聡『スクールロイヤー - 学校現場の事例で学ぶ教育紛争実務Q&A170』日本加除出版, 2018.
9. 神内聡『学校内弁護士 - 学校現場のための教育紛争対策ガイドブック（第2版）』日本加除出版, 2019.
10. 松浦直己『教室でできる気になる子への認知行動療法 -「認知の歪み」から起こる行動を変える13の技法』中央法規出版, p.158, 2018.
11. 松浦直己『教室でできる気になる子への認知行動療法 -「認知の歪み」から起こる行動を変える13の技法』中央法規出版, p.175, 2018.
12. Cuijpers P, Karyotaki E, Ciharova M, Miguel C, Noma H, Stikkelbroek Y, et al. The effects of psychological treatments of depression in children and adolescents on response, reliable change, and deterioration: a systematic review and meta-analysis. Eur Child Adolesc Psychiatry. 2023; 32(1): 177-192.
13. McLeod BD, Weisz JR. Using dissertations to examine potential bias in child and adolescent clinical trials. J Consult Clin Psychol. 2004; 72: 235-251.
14. Weisz JR, Hawley KM, Doss AJ. Empirically tested psychotherapies for youth internalizing and externalizing problems and disorders. Child Adolesc Psychiatr Clin N Am. 2004; 13: 729-815, v-vi.
15. 中央教育審議会『新しい時代の教育に向けた持続可能な学校指導・運営体制の構築のための学校における働き方改革に関する総合的な方策について（答申）』2019.1
16. 神内聡『スクールロイヤー - 学校現場の事例で学ぶ教育紛争実務Q&A170』日本加除出版, 2018.
17. 文部科学省『令和3年度公立学校教職員の人事行政状況調査について（令和4年12月）』2022.
18. 文部科学省初等中等教育企画課『教育行政に係る法務相談体制の整備等に関する調査（令和3年度間）（令和4年10月）』2022.
19. 日弁連子どもの権利委員会「スクールロイヤー等経験交流集会の実施報告」『子どもの権利ニュース第22号（2022年6月1日）』2022.
20. 日本弁護士連合会「特集 スクールロイヤーの制度と実務」『自由と正義』vol.72(5), 2021.
21. 法務省大臣官房司法法制部『法書の質に関する検証結果報告書（令和4年3月）』2022.

第2章

困難事例になる
メカニズムと
保護者特性の理解

学校トラブルを次々に起こす保護者
には、精神的な特性や認知の歪みが
見られます。それらの医学的・心理
学的な根拠を知って保護者の真の
ねらいをつかみ、対立に発展しない
対応を学校全体で共有しましょう。

学校トラブルで困難ケースに発展してしまうメカニズム

1 学校トラブルになりがちな子どもの特性

1 感情爆発の特性

知的な問題はなくても、以下のようなエピソードを持つ子がいます。

「急に怒り出す」「頻繁にかんしゃくを起こす」

「先生に対して極端に反抗的」「暴言が止まらない」

「火がついたように感情を爆発させる」「感情爆発すると、手や足が出る」

このような特性を有する子どもは、「発達障害」と診断されることが多いのですが、正確には「感情爆発の障害」に分類されます。具体的には「秩序破壊的・衝動制御・素行症群」に分類されます。もちろん「発達障害」と合併することも多く、特に注意欠如多動症（ADHD）とは、極めて高率に合併します。

このような子どもは、怒りたくて怒っているというよりも、気がついたら感情が爆発してしまっていて、結果的に「暴言」「暴行」に発展していたというのが特徴的です。突然に爆発する自らの怒り感情を調節できないことにイライラしたりしているのです。

発達障害と診断されると、学校側の対応が極端に難しくなることがあります。例えば、医師から「急に感情爆発を起こしてしまうのがこの子の特性なのです」と配慮を要請されても、クラスメイトに手を出したり、怒りのあまり先生に暴力を振るったりしてよいはずがありません。このあたりの対応について拙著[*1]で詳しく述べていますので、参考になさってください。

さて暴言や暴行を頻発させる、いわゆる加害側の子どもの保護者は、度重なる我が子の問題行動に困り果てており、学校からの報告を極端に嫌う傾向があります。学校側としては一つひとつ正確に保護者に報告し、保護者から被害側へお詫びしてほしいのですが、うまく伝わらないことがあるのです。このような場合、様々な学校トラブルに発展する危険性が高くなります。

1つは被害側からの不信感です。どうして教室でこのような暴言や暴行を許しているのか、そして適切な指導をしているのか、加害側の保護者に正確に状況が伝わっているのか、疑念が増幅するのです。

もう1つは加害側からの不信感です。学校の対応が悪いからうちの子は感情爆発したのではないか、子どもの特性を理解してくれていないのではないか、被害者の保護者にきちんと伝えるのは学校の責任ではないか、といった具合です。

一方からは、全ての子どもに平等に指導してほしいという要望があり、一方からは子どもの特性に合わせた適切な個別指導をしてほしいという要望があります。学校はこのような矛盾するダブルスタンダードを要求されることが多く、多数の先生が対応に苦慮しています。

2 認知の歪みの特性

否定的で非現実的な「認知の歪み」があると行動の問題をもたらし、行動の問題の悪化により、さらに認知の歪みが増強されるということがあります（詳しくは拙著[1]）。大人でも子どもでも対人トラブルは頻繁に起きますが、同じことが起こってもお互いが同じように受け止めているとは限りません。むしろ全く噛み合わないことの方が多いのかもしれ

---

[1] 松浦直己『教室でできる気になる子への認知行動療法－「認知のゆがみ」から起こる行動を変える13の技法』中央法規出版, 2018.

ません。学校トラブルが発生しがちな子どもの認知の歪みについて、3つに絞って解説します。

①マイナス化思考

　よい出来事を無視、あるいは悪い出来事にすり替えてしまう認知の歪みを「マイナス化思考」といいます。この傾向が強いと、先生から頻繁に褒められたとしても「1回も褒められたことがない！」と強弁することがあります。また1日の学校生活の中でたくさんいいことがあったとしても、1つの友達とのトラブルや先生からの叱責で、「何のいいこともなかった！」とか「学校は全く楽しくない！」という発言につながることもあります。これが「よい出来事を無視、あるいは悪い出来事にすり替えてしまう」認知の歪みなのです。

②感情的決めつけ

　「こう感じるのだから、それは本当のことだ」というように、自分の感情を、真実を証明する証拠のように考えてしまうことを「感情的決めつけ」といいます。相性の悪い相手のことをこき下ろす子どもがいます。「どうしてそんなに相手を悪く言うの？」と聞くと、「ぼくがキライだから！」という答えが返ってきます。このように自分の主観的な感情を根拠にして、本当に相手が悪いヤツだと思い込む認知の歪みを「感情的決めつけ」といいます。

③心のフィルター

　わずかによくない出来事にこだわって、そればかりを考えてしまい、その他のよい出来事は無視してしまう傾向のことを「心のフィルター」といいます。過剰なまでにこだわってしまう対象は、嫌いな人、先生、

教科、行事などです。例えば、教室内に相性が悪く、声やしゃべり方全てが気になってしまい、イライラさせられる友達がいたとします。その友達が授業中に発言するだけで感情爆発を起こしたり、暴言を吐いたりしてしまうことがあります。その対象が先生である場合は、致命的な関係悪化に発展してしまいます。

　前術のような認知の歪みが深刻になると、友達とのトラブルが多数発生し、先生との関係も不良になります。また、家庭で「学校が楽しくない」とか「学校ではいいことが1つもない」などと繰り返し発言すると、学校に対する保護者の不信感が増幅することがあります。このようにして認知の歪みは学校トラブルに影響するのです。ただし、**「認知の歪み」とは現実的な解釈からかけ離れた否定的な受け取り方を指します。**先生との解釈が異なるだけで「認知の歪み」と決めつけてはいけません。

3 集団生活が苦手な特性

　一部の不登校児童生徒にも共通することですが、教室という狭い空間の中で生活することに対して、特別な不安や葛藤、対人過敏性による苦しみを感じる子どもがいます。そのような不安や苦しみは、主観的かつ浮動的（捉えどころがない）なので、なかなか周囲は理解できません。

①繊細で傷つきやすい

　先生や友達のほんの些細な一言や振る舞いにより、ひどく傷ついてしまう子どもがいます。一旦傷ついてしまうと回復は難しく、落ち込んだ状態が長く続きます。楽しいことをして気分を変えようとする意欲に乏しく、いつまでも暗い顔で涙を流し続けることさえあります。**結果としてのストレス反応の大きさから鑑みて、そのきっかけ（ストレス因子）はあまりにもちっぽけであることが特徴です。**

②集団参加することに喜びや楽しみを感じにくい

　1人の活動や1人でいることを好み、逆に集団行動への参加を嫌がる子どもがいます。特定の本、おもちゃ、スマホやタブレットなどに没頭し、集団参加を促すと、怒り感情を表すこともあります。他人との情緒的なつながりや交流に関心が薄いのです。友達との関わりが極端に少ないので、トラブルに発展することもないのですが、このような特性を心配する保護者は、学校側の支援や配慮に不満を持つことがあります。

2 | 学校トラブルになりがちな保護者の特性

1 被害的な認知特性やパーソナリティ特性

　パーソナリティ（人格）特性とは、一般的には人の個性や人柄を意味しますが、心理学では人間の行動や判断のもとになる考え方や傾向を指します。長期にわたって比較的一定している思考や知覚、反応、および対人関係のパターンのことであり、個人差が大きいことがわかっています。

　トラブルを起こしがちな保護者のパーソナリティ特性は、基本的にはすでに説明した子どもの場合とも共通しており、「認知の歪み」を持っていることがあります。トラブルを起こしがちなパーソナリティ特性としては、パーソナリティ障害や被害的な認知特性が挙げられます。それらについては、第2章第2節（36頁以降）をご覧ください。

2 子どもとのパーソナリティの分離が曖昧

　子どもは生後9か月までに特定の誰か（母親や父親）を愛着対象に選び、そこを安全基地として、外的世界を探索するようになります。愛着対象がしっかりと存在しているからこそ、外に関心を持ち広い世界に出かけていこうとするのです。

　生後3か月ぐらいまでは子どもと愛着対象は一体化しています。赤ちゃんが泣くとお母さんがその苦しみを感じて、おむつを替えたりおっぱいをあげたりします。同様に赤ちゃんの喜びはお母さんの喜びでもあるのです。この時期までは子どもと親のパーソナリティの境界線はありません。しかし、この関係があるからこそ愛着関係が構築されるのです。

　小学校に上がるまでに子どもも少しずつ自立していきます。自分と母親とは別の人格であることに気づくのです。自分のことを大事にしてくれるけれど、厳しいときは厳しい、でも全体的に大好きなお母さん、といった感覚を身につけていくのです。しかし、**これは親の子どもに対する、自立と自律への促しが重要になります。**

　一方で、学校入学後も、子どもと母親（父親）とのパーソナリティの境界線が曖昧なままのケースが散見されます。子どもの失敗に逐一、親が介入して解決しようとするケースでは、学校でのトラブルが教育紛争に発展し、事態が複雑化することがあります。

　子どもと親のパーソナリティの境界線が曖昧だと、以下のような状態になります。**子どもが学校でいやな思いをしたら、その苦しみは親の苦しみになります。親が子どものことで苦しむと、子どもも同様に苦しみます。子どもが学校のトラブルで苦しんでいると、親は同様に苦しいので、トラブルの相手方を憎んだり、早急な解決を学校に要求したりしま**

す。**それがうまくいかないと親自身が苦しくなるので、それを見た子ど
もが一層不安になったり、苦しんだりします。これが繰り返されると、
親の冷静さが失われていくのです。**

　通常は学校で何かあったら、親は子どもから話を聴き、一緒に問題解
決を考え、これからどのように安心して学校に通うことができるかを話
し合うでしょう。一方的に相手の責任ばかり追及しても問題は解決しま
せん。論理的に考えれば当然のことでも、親子のパーソナリティの境界
線が曖昧であったり、一体化していたりすると、常識を逸脱したような、
過剰要求につながることがあるのです。

3 | 学校トラブルになりがちな学校側の特性

1 全てを担任に任せる

　日本の学級担任の学級経営に対する裁量度は大きく、子どもの対応は
もちろん、保護者対応まで担任は実質上の責任を負っています。このこ
とが担任の負担を増大させ、精神的に追い込まれることもしばしば発生
します。この問題点について、神内らは自身の経験も踏まえて合理的に
指摘しています [1-3]。経験の浅い先生らは、極端な過剰要求をする保護
者対応を任された場合、うまく対応できる可能性は低いでしょう。「こ
れも経験」という考えを否定はしませんが、管理職は常に相談にのり、
適切な指示を与えて適切な経験を積ませることが重要です。小さな失敗
なら挽回可能なのですが、初期対応・初動態勢でこじれると、取り返し
がつかなくなることがあります。

2 明確な枠組みを共有していない

　「学校がすべきこと」「学校はすべきでないこと」「場合によっては学校
がしてもよいこと」この3つは管理職が日頃から生徒指導を通じて教員

全体に周知すべきです。一番よくないのは、「うるさい親だからこのくらいはやってあげておこう」とか、「Aさんにはしてあげたけど、Bさんには断る」といった具合に、管理職の姿勢が一貫しないことです。例えば「業務負担軽減やペーパーレスのために紙での配付はしない」と学校長が決めたのなら、よほどの理由がない限りは、それに従わず特定の親の強い意向に応じてしまった担任に対してこそ、管理職は毅然と指導すべきです。学校スタッフは一隻の船に乗る船員たちです。みんなが同じ方向を向いて、明確な枠組みを共有しなければ、船が沈んでしまいます。

対応の難しい保護者対応については、管理職のリーダーシップがカギを握ります。詳しくは第3章で解説しています。

3 ダブルスタンダードに違和感を持たない

学校は様々なダブルスタンダードに悩まされます。例えば、同じクラスに宿題を多くしてほしい親と少なくしてほしい親がいますし、懇談会ではそれぞれの要求をするでしょう。もっと運動をたくさんさせてほしい親とそうでない親の両方の要望を聞かなくてはなりません。タブレット大賛成派と反対派の溝は埋まりそうにありません。特別な支援が必要な子どもについて、「配慮はしてほしいけど、特別扱いはしてほしくない」と要望する親もいます。このような両端の要望を、学校現場で矛盾なく叶えることは不可能です。

たいていは曖昧に頷きながら「やれやれ」と問題をやり過ごすことが多いでしょう。これが「ダブルスタンダードに違和感を持たない」ということです。親の要求に対して、「自分の学校ではこの分量の宿題が適切であると考えています（可能なら根拠を示して）、と積極的に学校の姿勢を伝えていくことが大事です。できない要求に対しては、できない理由も示しつつ、常に合理的判断を追求している姿勢を見せたいものです。

心理学における保護者特性の3つのエビデンス

　保護者から、明らかに常識の範囲を越えた過剰要求があったり、学校との認識のズレが常軌を逸していたりする場合、保護者のパーソナリティ特性を考慮する必要があります。第1章で解説した認知バイアスは、ある程度、万人が有していますが、一方でそのズレがあまりにも極端で、正常な判断力を失っている場合は、やはり異常というほかありません。極端な認知の歪みや感情爆発を反復させる保護者の場合には、以下に挙げるエピソードがあるかどうかを照らし合わせてみると、対応へのヒントが見つかるかもしれません。

　ここからはDSM-5（米国精神医学会が発行している"Diagnostic and Statistical Manual of Mental Disorders"[4]（精神疾患の診断・統計マニュアル）第5版）のパーソナリティ障害の診断基準を参考にした話となりますが、あくまでも控えめに、参考として見ることが前提となります。その上で、以下に該当するエピソードが何度もあるようであれば、繰り返し提言しているように、スクールロイヤーや医療・福祉、司法領域の関係者の協力が不可欠となります。

1 パーソナリティ障害全般の特性

　DSM-5では、パーソナリティ障害の診断基準はAからFの6領域にまたがっていますが、本書ではわかりやすくA、B、Cの3つに絞って見ていきます。

● 理不尽な保護者に見られるパーソナリティ障害

A：著しく偏った物事の受け取り方や、行動

①自分や他人に対する受け取り方が、一貫して歪んでいる

　　例：自分や自分の子どもが感じたことは全く正当であり、議論の余地はないと考えている。自分達の考えに賛同しない者は全て敵である。自分がもし傷つけられたのであれば、自分が相手を傷つけたとしても問題はない。

②感情を表現する方法があまりにも極端である

　　例：自分が怒っているのであれば、多少の暴言や暴行等は問題ではないと考える。自分が不安に感じていることであれば、時間や手段を選ばず、あらゆることを学校や先生に相談し、解決を求める。感情表現が唐突だったり、極端であったり、不安定であったりする。

③対人関係が広汎に破綻している

　　例：付き合いはじめは良好な関係でスタートするが、些細なことでつまずき、ケンカ別れしてしまう。相手は過激な発言や行動について行けず、結果的に距離をとろうとする。一旦仲違いしてしまうと、適切に修復作業をしようとしないかできずに、長期的には信頼できる仲間がほとんどいない状況となる。

④衝動制御できていない

　　例：思いついたら、よくない結果になりそうなことでもすぐに行動してしまう。よかれと思ってやったことでも不良な結果にすごく落ち込んでしまう。相手方に腹を立てると、感情の衝動制御ができずに、大声で責めたり攻撃してしまったりする。

B：A で挙げた持続的行動は、柔軟性がなく、私的な関係や、職業などの公的な関係や状況の幅広い範囲に広がっている。

C：A で挙げた持続的行動によって、社会的・職業的にも重大な

> 支障が出ている。

　第4章の事例において、保護者のパーソナリティ特性の評価を行います。その際は**表2-1**を参照してください。

■表2−1　パーソナリティ障害のタイプの概略（DSM-5より）

クラスター	タイプ	説明
Aクラスター: 奇妙で風変わり	妄想性 パーソナリティ障害	他者への疑念や不信から、危害が加えられることや裏切りを恐れることが特徴
	統合失調質 パーソナリティ障害	非社交的、孤立しがちで、他者への関心が希薄のように見えるのが特徴
	統合失調型 パーソナリティ障害	思考が曖昧で過度に抽象的で脱線する 感情が狭くて適切さを欠き、対人関係で孤立しやすいことが特徴
Bクラスター: 演技的・感情的で 移り気	境界性 パーソナリティ障害	感情や対人関係の不安定さ、衝動をうまく制御することができないことが特徴
	自己愛性 パーソナリティ障害	周囲の人々を軽視し、周囲の注目と賞賛を求め、傲慢、尊大な態度を見せることが特徴
	反社会性 パーソナリティ障害	他者の権利を無視、侵害する行動や、向こう見ずで思慮に欠け、暴力などの攻撃的行動に走ることが 特徴
	演技性 パーソナリティ障害	他者の注目や関心を集める派手な外見や大げさな 行動が特徴
Cクラスター: 不安で内向的	依存性 パーソナリティ障害	他者への過度の依存。自らの行動や決断に他者の助言や指示を求めることが特徴
	強迫性 パーソナリティ障害	一定の秩序を保つことへの固執、融通性に欠けること、几帳面、完全主義や細部への拘泥が特徴
	回避性 パーソナリティ障害	周囲からの拒絶や失敗することを恐れ、強い刺激をもたらす状況を避けることが特徴

2 被害者意識を科学する

■ 被害者意識の傾向が高いかどうかの評価ポイント

　学校トラブルにおける保護者対応で最も対応に難儀するのが、「**過剰で主観的な被害者意識**」ではないでしょうか？　特に教員の指導に関する被害やいじめ被害などでは、実態とはかけ離れたような苦情を、長期間かつ繰り返し申し立ててくるケースがあります。丁寧に対応すればするほど複雑化することが多いのが特徴です。

　過剰で主観的な「被害者意識」については、長く心理学で研究されてきました。無意識のうちに「被害者の認識を常に人に求めている」「過去の被害経験をしばしば反すうする」といった行動をとってしまう人について、心理学の研究では**「被害者意識の傾向が高い人」**と定義しています。被害者意識の傾向が高い人は、物事をどのように認識しているのか、そして、その原因は何かが明らかになってきました[5,6]。

　まず被害者意識は、評価可能であることがわかっています。以下の4項目で評価可能なのです。「全然当てはまらない」を1、「完全に当てはまる」を5として、5段階で評価します。

●被害者意識の評価ポイント

1：自分を傷つけた人が「不当な仕打ちをした」と認識することは、自分にとって重要である。（例：「加害者（先生や学校を含む）は本当にひどい！」と言う）

全然当てはまらない ├──┼──┼──┼──┤ 完全に当てはまる
　　　　　　　　　　 1　 2　 3　 4　 5

2：自分の周囲の人に対する接し方は、周囲の人が自分に対する接し方よりも良心的・道徳的である。（例：「周囲は全く適切に対応してくれない！」と言う）

全然当てはまらない　1　2　3　4　5　完全に当てはまる

3：自分に近しい人が自分の行動によって傷ついたとき、自分の行いが正しいものだったと明示することが重要である。（例：「自分や自分の子どもは全く悪くない！　不当な扱いを受けている」と言う）

全然当てはまらない　1　2　3　4　5　完全に当てはまる

4：他人が自分に対して行った不当な行為について考えるのをやめられない。（例：同じ被害経験の話を何度も何度も繰り返す）

全然当てはまらない　1　2　3　4　5　完全に当てはまる

参考：Kaufman SB. Unraveling the Mindset of Victimhood-Focusing on grievances can be debilitating; social science points to a better way. SCIENTIFIC AMERICAN, 2020; June 29.
https://www.scientificamerican.com/article/unraveling-the-mindset-of-victimhood/

　全ての質問に対して、4から5点で評価されたとき（自己評価が基本です）、その人は心理学的に**「対人関係において被害者意識を持つ傾向が高い」**といえます。

　研究者のOkらは、被害者意識が作られる過程において「彼らが主張する心の傷」と「被害を受けたこと」は異なるものだとしています[7]。というのも、被害者意識は、実際に深刻な被害やトラウマがなくても作られるものであるためです。その逆についても言うことができ、深刻なトラウマを受けたからといって必ずしも被害者意識を持つわけではないことも指摘しています[7]。被害者意識を持つことと実際に被害を受けることとでは、心理的プロセスやその結果が異なるのです。ここが最も

重要で、**被害を主張されると学校側は責任を感じてしまいますが、主張する心の傷の大きさよりも、実際に発生した事案の深刻度がきわめて小さい場合、それは、彼らが勝手に作り出した心の傷（トラウマ）であるといえるのです。**

2「被害者意識の傾向」の４つの要素

　それでは、「被疑者意識の傾向」の４つの要素[7-9]について、関連する研究をもとにしながら、解説します。

> ①**被害者の認識を常に求めている**[5]
>
> 　自分の苦しみの理解を常に求めることは、トラウマの反応として一般的です。トラウマを経験すると、人は「世界が公正で道徳的な場所である」という考えを受け入れられなくなります。苦しみを受け入れてもらうことで、世界が公平であり公正な場所だという自信を再度取り戻すことができるそうです。

　過剰要求する親は、いかに自分達は苦しんでいるか、学校のみならず、教育委員会や相談機関など、ありとあらゆるところで被害経験を主張することがあります。このような行動は、被害経験の正当性を担保しようしている行動とも解釈できます。

　被害者意識の強い人にとって、「被害者であること」を多数かつ多方面の関係者に認知されることは重要な意味を持ちます。被害者になることで、事態解決の責任を全て加害者と学校に押しつけることができるのです。もちろん実際にはそうなりませんが、「被害者の意向が最優先」されることはあり得るでしょう。

②道徳的エリート感 [5]

　道徳的エリート感は深く傷ついた感情から身を守り、肯定的な
自己イメージを維持するためのメカニズムです。強いストレスを
受けた人は自分の攻撃性や衝動性を否定し、自分を他人に投影さ
せる傾向があります。他人を脅威と受け取り、自分は迫害された、
弱く、道徳的な人間だと認識します。自分を「聖なる人」、他人を
「純粋な悪」と分けることで、自己イメージを守っているわけです。
ただし、その結果として現実的な問題解決を見失い、自分と世界
をより複雑な視点で見ることができなくなります。

　「うちの子は全く悪くない」とか、「うちの子どもが嘘をついていると
いうのか」と主張する親がときどきいます。子ども同士に限らず、あら
ゆるトラブルは双方向性の性質を持っているという現実的視点を失って
います。あまりにもストレスやトラウマ感が強いと、自分は一方的な被
害者であり、周囲は極悪な加害者であると認識してしまいます。これが
「道徳的エリート感」なのです。いわば自らを「悲劇のヒロイン」に仕
立て上げているのです。このような主観的被害者意識が暴走すると、話
し合いでは解決できなくなります。

③他人の痛みや苦しみに対する共感が欠けている [5]

　「自分に近しい人が自分の行動によって傷ついた時、自分の行
いが正しいものだったと明示することが重要である」という項目
で高い点数を記録した人は、「自分は被害者である」という考え
しか頭になく、人が苦しんでいるということに気づきません [10]。
過去の研究では、不当な扱いを受けた人や不当な扱いについて思
い出した人は、他人の苦しみを無視して、「自分は攻撃的に、自
己中心的に振る舞ってよい」と考える傾向があることが示されて

います[11-13]。このような人は、結果的に周囲に対して助けを求められないことも多いそうです。

私がこんなに
苦しいのは
あいつのせい！

　極端なケースではありますが、「担任を辞めさせろ！」とか「校長を辞任すべきだ！」と強く主張する親も存在します。**このような主張の根底には「自分がこんなに苦しんでいるのだから、加害者がもっと苦しんで当然だ」という意識が存在します。**まさに「自分が被害者である」ことしか頭になく、他人が苦しんでいることに気づくどころか、もっと苦しんでも当然だ、という認識なのです。ここが被害者意識を強く持っている人の特徴であり、対応が難しい点でしょう。

　また、被害経験を盾にして、「自分は攻撃的に、自己中心的に振る舞ってよい」とすら考える親もいます。私もしばしば「被害者であることをやめたくない」親との話し合いを経験しました。彼らに共通するのは、被害経験に基づいた、「自分は攻撃的に、自己中心的に振る舞ってよい」という特権意識を手放したくないという感覚なのです。これを明確に言語化するとすっきりするのですが、普通の教育関係者にはこの辺りが一番理解不可能なのでしょう。

> **④過去の被害経験をしばしば反すうする**[5]
>
> 過去の被害経験をしばしば反すうする傾向が高い人は、解決策を考えるのではなく、対人関係で受けた不当の原因と結果について話します。ただし、このような反すう行為により人は復讐を企てるようになり、許しへのモチベーションを減少させます。また集団レベルの分析から、被害を受けた集団はトラウマの原因となった出来事を何度も反すうすることがわかっています。

　執念深いクレーマーの典型例として、「主観的な被害経験の同じ話を何度も何度も繰り返す」行動特徴を有します。研究者はこれを**「被害経験の反すう」**と定義します。被害経験を反すうすることで、相手の事情を鑑みて許し合おうとか、問題解決しようとする動機付けが間違いなく薄れます。むしろ怒りが再点灯して、復讐心がこみ上げてくるのです。これでは解決に向かうはずがありません。被害経験の反すうは、①自分が「被害者であることの認識を常に求める」ことと同義です。いわば、被害者としての正当性を求めているのです。実際に起こったことの重大性や深刻度は別にして、自分が被害者であることを認めてもらうことにより、②「自分は世界で一番可哀想な存在であり、加害者や学校は世界の悪の代表である」との確信を強めます。そして、③「他人の痛みや苦しみに対する共感の欠如」傾向が加速していくのです。つまり、①〜④はそれぞれ独立しているのではなく、相互作用しながら強化されていくのです。保護者対応で深い溝に陥っている学校は、**このような保護者の被害者意識の暴走に気づくことなく、ただただ誠意を尽くして対応していて、一向に問題収束していかないことに疲弊しているといえるでしょう。**

3 被害者意識が暴走する原因

　以下は、被害者意識が暴走する原因として研究で明らかになった知見

です。

　対人関係の争いが起こると、人は肯定的で道徳的な自己イメージを維持しようとする結果、両当事者が全く異なる主観的事実を生み出す可能性があります。つまり、不当な行いをした人は、不当な行為を過小評価し、被害者は受けた行為をより不道徳かつ意図的で深刻なものと認識する傾向があります[7]。このような考え方は人の認識方法や記憶方法に根本的な影響を与えます。研究者は、「帰属バイアス」「解釈バイアス」「記憶バイアス」の3つを被害者意識の傾向を特徴付けるものと示しています。

　帰属バイアスについては第1章（5頁）で解説しましたので、残りの2つを解説します。

---

①解釈バイアス

　解釈バイアスとは、**あいまいな刺激をネガティブに解釈しやすいこと**をさします。ここでいう「あいまいな」とは、ポジティブでもなく、ネガティブでもない多義的な場面を指しており、刺激そのものはあいまいであるにもかかわらず、**被害者意識が強い人はどのような刺激や出来事についてもネガティブに解釈してしまうのです。**

②記憶バイアス

　記憶バイアスとは、**ネガティブな刺激をその他の刺激よりも多く記銘・想起し、自身が経験した出来事を具体的に想起し難い傾向**を指します。

　第2章では、「認知の歪み」や「被害者意識の原因となる認知バイアス」について解説しましたが、被害者意識と認知バイアスに共通するのが、

衝動制御の弱さです[14,15]。**被害経験の反すうも、被害経験を自ら多方面に周知する傾向も、感情爆発してしまう特性も、明らかに行動と感情の衝動制御の弱さと関連しています。**

　被害者意識が暴走すればするほど、実際に受けた心の傷よりも、はるかに大きなトラウマを彼ら自身が作り出すことにつながります。そのことにより、「相手を許そうとする」寛大さが失われ、「自分はどんなことでも主張し要求できる」という万能感が増強され、「被害者以外の関係者はどんなに傷ついても構わない」との飛躍した思考に到達するのです。

　このような展開にならないように、第2章に示したエビデンスを理解した上で、第3章の対応方法を参考にしてください。

③ 負のパーソナリティ「ダークトライアド」

　最後の科学的根拠は、近年心理学で注目されている「ダークトライアド」です。顕著な反社会的性向を持っていたり、会社や学校、コミュニティで、深刻なハラスメントや社会的苦痛を引き起こしたりする人が、ある一定程度存在することがわかってきました。彼らに共通するパーソナリティ特性も次第に明らかになっています。

❶ ダークトライアドの3つのパーソナリティ

　それが「ダークトライアド」であり、以下の3つのパーソナリティ特性で説明されています（図2-1）。

■図2-1　ダークトライアドの3つのパーソナリティ

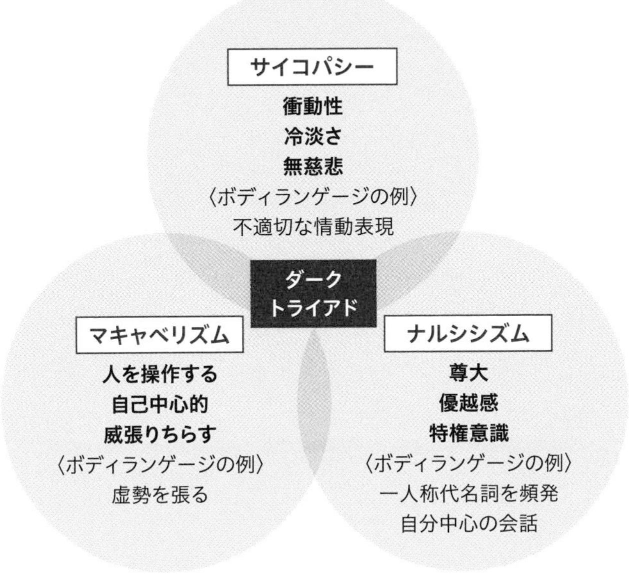

サイコパシー

衝動性
冷淡さ
無慈悲
〈ボディランゲージの例〉
不適切な情動表現

**ダーク
トライアド**

マキャベリズム

人を操作する
自己中心的
威張りちらす
〈ボディランゲージの例〉
虚勢を張る

ナルシシズム

尊大
優越感
特権意識
〈ボディランゲージの例〉
一人称代名詞を頻発
自分中心の会話

① ナルシシズム

　自惚れや自己中心性が強く、自意識過剰で自己愛傾向が強い。ナルシストは自分自身に過度に夢中になり、周囲から褒められることや誇大なセルフイメージを持ち続けることに躍起になる傾向がある。ナルシストは、他人に自己のセルフイメージを受入れさせることに専心するために、最初は魅力的に見えるかもしれないが、ほとんどのナルシストは、他人への感情移入が難しいことや**他人への関心が不足しているために他人と本物の関係性を築いていくことに苦労する。**

② マキャベリズム

　二枚舌での対人関係、道徳の無視や自己利益と私利私欲のみへの強い関心という特徴がある。マキャベリアニズムの傾向が高い

人は無感情で、**自分の役に立つかどうかという視点でのみ他人を見る傾向がある。そのため、従来の道徳から自己を切り離し、他人を操作することができる。**マキャベリアニズム傾向の高い人は、計算高い策略家であるために目的を達成するまでは非常に忍耐強くなれる。

③サイコパシー

　衝動的な感情反応の兆候があることが特徴である。サイコパスの未発達な感情の特性は、高いストレス耐性、他人への低い共感度や罪悪感の低さ、極度に刺激的な活動（セックス、暴力、麻薬あるいは金銭的リスク）への衝動があり、その結果、対人関係において衝動的な衝突の傾向が高い。また、**共感または良心の呵責といった感情の欠如**、反社会的行動や感情の不安定さという特性もある。

　①のナルシシズムは、自分だけが納得すればよいという特性です。自分自身や自分の考えはもっと評価されるべきだと常に考えています。実態の伴わない、高い自尊感情をもっています。人を利用することに違和感をもたず、常に自己中心的です。

　②のマキャベリズムは、人を利用したり操作したりすることにも長けていて、本当は自分が不満を持っているのにもかかわらず、他人を利用して学校側に不満を申し立てたりする行動をとります。また、少数しか同意がとれていないのにもかかわらず、「みんながそう考えている！」と強弁し、学校を動かそうとします。自分の目的達成のためには手段を選びません。周囲がどんなに迷惑していても、他者が傷ついていたとしても、目的を達成しようとします。

　③のサイコパシーは、極端な衝動性制御（セルフコントロール）の弱さで特徴づけられます。容易に行動爆発や感情爆発を繰り返すこともあ

ります。常軌を逸した要求をしているにもかかわらず、何の良心の呵責
も感じていないように見えます。一貫して無責任です。

　国際的にも多数の研究がダークトライアド・パーソナリティと、学校
と保護者の葛藤について研究しています[16-19]。当然ながら保護者の過
剰要求や不当なクレームは、日本に限ったことではありません。ですか
ら広く研究されているのでしょう。学校という組織に、重大な問題を引
き起こす特定のパーソナリティを持った人が一定数存在するという事実
は、学校関係者は知っておくべき知見です。

2 「負のパーソナリティ『ダークトライアド』を持つ人は『自分は哀れで善良な被害者だ』とアピールする戦略を取りがち」という研究知見

　Okらの研究チームによれば、一般人は美徳シグナリング（自分は哀
れで善良な市民であることを主張する：被害者意識）を行う被害者を見
ると、その人を助けようとする可能性が高いことがわかっています[7]。
このことから、美徳シグナリングや被害者意識が「他人から資源を得る
ための有効な戦略」であると研究者は主張しています。例えば、「食料
品店やストリップクラブの前で撃たれた被害者」よりも、「チャリティー
イベントでボランティアをしている時に撃たれた被害者」のほうを助け
ようとする傾向が見られたそうです[20]。

　そして、ダークトライアドの中でも、マキャベリズム、つまり人を操
り欺くことをいとわない性質は、「美徳シグナリング」と「被害者であ
ることの主張」の最も強い予測因子だとわかったそうです。研究チーム
によると、マキャベリズムの傾向が強い人は、「いかに外的要因のせい
で目標や夢を追求できないかを示す」「自分のアイデンティティがいか
に社会で受け入れられていないと感じるかをアピールする」「自分がい
かに過小評価されているかを表現する」といった行動を示すことが多く、

自分が道徳的にいかに正しいかをアピールする傾向にありました[19]。

　そして、この「美徳シグナリング」と「被害者シグナリング」の傾向は、どの社会階層でも一貫していました。つまり、**ダークトライアドを持つ人はどんなに社会的地位が高くても、自分は哀れで善良な被害者だと主張する傾向が強いというわけです。**

　加えて、自分が善良な被害者だと主張しがちな参加者は、自分以外に被害者ぶる人を見ると「その人は得するためにわざと被害者ぶっているだけ」と大げさに主張する傾向があったそうです。

　第２章で強調したいのは、深刻な保護者との学校トラブルは偶然ではないということです。独特の「子どもの特性」「保護者の特性」「学校の特性」が複雑に絡み合って、深刻な学校紛争に発展しているのです。また、保護者のパーソナリティ特性や「被害者意識」についての研究知見は、初期対応や初動態勢の構築において、きわめて参考になることが多いでしょう。

【文献】
1. 神内聡『学校内弁護士－学校現場のための教育紛争対策ガイドブック』日本加除出版, p.xiv, p.255, 2016.
2. 神内聡『スクールロイヤー－学校現場の事例で学ぶ教育紛争実務Q&A170』日本加除出版, p.xiv, p.472, 2018.
3. 神内聡『第２版 学校内弁護士－学校現場のための教育紛争対策ガイドブック』日本加除出版, p.xiv, p.223, 2019.
4. American Psychiatric Association, Diagnostic and Statistical Manual of Mental Disorders: Fifth edition（DSM-5）, Amer Psychiatric Pub Inc, 2013.
5. Gabay R, Hameiri B, Rubel-Lifschitz T, Nadler A. The tendency for interpersonal victimhood: The personality construct and its consequences. Personality and Individual Differences. 2020; 165: 110134.
6. Ray CD. The relationships between loneliness and mental and physical health are moderated by the tendency for interpersonal victimhood: A study of young adult cancer patients. J Psychosoc Oncol. 2023: 1-10.
7. Ok E, Qian Y, Strejcek B, & Aquino K. Signaling virtuous victimhood as indicators of Dark Triad personalities. J Pers Soc Psychol, 2021; 120（6）, 1634–1661. https://psycnet.apa.org/doiLanding?doi=10.1037%2Fpspp0000329
8. Clark C. The Evolutionary Advantages of Playing Victim. Quillette. 2021; https://quillette.com/2021/02/27/the-evolutionary-advantages-of-playing-victim/
9. Macnamara M. Why People Feel Like Victims. Issue 99: Universality - Nautilus https://nautil.us/why-people-feel-like-victims-238193/

10. Zitek EM, Jordan AH, Monin B, Leach FR. Victim entitlement to behave selfishly. J Pers Soc Psychol. 2010; 98: 245-55.
11. Day NJS, Townsend ML, Grenyer BFS. Living with pathological narcissism: a qualitative study. Borderline Personal Disord Emot Dysregul. 2020; 7: 19.
12. Hodges EVE, Perry DG. Personal and interpersonal antecedents and consequences of victimization by peers. J Pers Soc Psychol. 1999; 76: 677-85.
13. Loncke J, Eichelsheim VI, Branje SJT, Buysse A, Meeus WHJ, Loeys T. Factor Score Regression With Social Relations Model Components: A Case Study Exploring Antecedents and Consequences of Perceived Support in Families. Front Psychol. 2018; 9: 1699.
14. Garcia MA, Lerma M, Perez MG, Medina KS, Rodriguez-Crespo A, Cooper TV. Psychosocial and personality trait associates of phubbing and being phubbed in hispanic emerging adult college students. Curr Psychol. 2023: 1-14.
15. Grigore G, Molesworth M, Vontea A, Basnawi AH, Celep O, Jesudoss SP. Corporate Social Responsibility in Liquid Times: The Case of Romania. J Bus Ethics. 2021; 174: 763-82.
16. Yendell A, Clemens V, Schuler J, Decker O. What makes a violent mind? The interplay of parental rearing, dark triad personality traits and propensity for violence in a sample of German adolescents. PLoS One. 2022; 17: e0268992.
17. Truhan TE, Sedikides C, McIlvenna M, Andrae L, Turner RN, Papageorgiou KA. A Tri-Directional Examination of Parental Personality, Parenting Behaviors, and Contextual Factors in Influencing Adolescent Behavioral Outcomes. J Youth Adolesc. 2022; 51: 1536-51.
18. Lammle L, Nussbeck FW, Ziegler M. Hello from the Other Side: Can We Perceive Others' Darkness? Observers' Accuracy of the Dark Triad. J Pers Assess. 2021; 103: 106-19.
19. Csatho A, Birkas B. Early-Life Stressors, Personality Development, and Fast Life Strategies: An Evolutionary Perspective on Malevolent Personality Features. Front Psychol. 2018; 9: 305.
20. Dolan EW. New study suggests people with dark personalities weaponize victimhood to gain advantage over others. PhyPost. 2021; Feb 26.
https://www.psypost.org/2021/02/new-study-suggests-people-with-dark-personalities-weaponize-victimhood-to-gain-advantage-over-others-59806

第3章

保護者を
モンスター化させない
10の対処法

こじれてしまうような学校トラブル
対応においては、唯一の「正解」は
ありません。しかし、学校側が絶対
にやってはいけない10個の「不正
解」があるのです。管理職が心がけ
ておくべきことも伝授します。

学校側が徹底すべき
「してはいけないこと」

絶対にしてはいけない「不正解」がある

　保護者と学校との間の問題がこじれてしまうケースでは、「こうしたら大丈夫」という「正解」はありません。逆に、絶対にしてはいけない「不正解」はあるのです。保護者をモンスター化させない対処法は以下の10個です。

> ① 文書による回答をしてはいけない
> ②「相手の怒り＝こちらの落ち度」とすぐに思ってはいけない
> ③ 解決済みの問題を蒸し返してはいけない
> ④ 相手の感情的な決めつけに振り回されてはいけない
> ⑤ 保護者とのもろくて短期的な信頼関係に囚われてはいけない
> ⑥ 同僚の教員や管理職の批判を鵜呑みにしない
> ⑦ 一方の子どもに都合がよいことでも他方の子どもの不利益になるようなことはしない
> ⑧ 極端で過剰な要求をする保護者に振り回されない
> ⑨ 本質的な問題解決を見失わない
> ⑩ 謝罪することで早期の解決を目指してはいけない

　これらを見ると、「文書による回答なんてよくありそうだけど、何が問題なのだろう？」と思われるかもしれません。それぞれの「絶対にしてはいけない」理由、リスクマネジメントをするうえで管理職が知っておくべきポイント、取るべき対応について、一つずつ解説していきます。

1 文書による回答をしてはいけない

ポイント

- 一部の例外を除き、文書で回答することは望ましくない

- 保護者から文書での回答を要求され、「文書で謝罪すれば許す」と言われても、提案に乗らない

- 「文書による回答の法的義務はありません。教育的に解決するための話し合いをしましょう」と伝える

謝罪を文書で要求される背景

　明らかに学校側の落ち度が認められたとき、いじめが発生したときなどに、保護者から謝罪や今後の対応を文書で要求されることがあります。

　例えば、担任が子どもに対して暴言に近い言葉を発したとしましょう。それ自体は許されない行為であり、担任の猛省を促すことが重要です。管理職としては、保護者との面談を設定し、どうしてこのような状況になったのかを説明し、学校側としても担任個人からも心からの反省を示すべきです。

　この状況で、保護者から「このような状況に至った経緯を文書で説明してほしい」とか、「文書で反省文を書いてほしい」と要求されることがあります。誠実に対応したい学校側としては、その誠意を示すために、文書で経緯や背景を文書で説明したり、謝罪文（反省文）を渡そうとしたりしがちです。

　特に「文書で謝罪してくれれば、これで問題を終わらせる」との条件（口約束が多い）が加わると、あまりにも苦しい対応に困窮している学

校側は、誠意を持って謝罪文（反省文）を作成し、相手側に渡すことで問題を終わらせようと焦ってしまうことがあるのです。

文書で回答してはいけない理由

しかし、文書で全ての状況を正確に描写し、責任の割合を合理的に表現することは至難の業です。当然ながら、法律の専門家ではない教員の業務範囲を大きく超えていますし、相手の意向に沿った形でしか作成しようがありません。そこに落とし穴があります。文書を要求されると、実際に発生した事実関係以上に学校側の非を認めることにつながりかねません。**事実でないことまで事実化することさえあります。**なぜそのような展開になるのでしょうか？

第1章でも述べたとおり、学校側は可能な限り譲歩し、相手側（多くは保護者）の要求を全て聞き入れ、平身低頭に対応することが「誠意を尽くす」ことであると信じているからです。残念ながらその誠意は確実に通じるという保証はありません。むしろ、文書での念書（学校側が保護者に対して一方的に約束する）が、学校側の大きな負担となることがあるのです。文書での約束を履行できない場合に、「全て学校側に非があると認めただろう！」とか、「一旦認めたことをひっくり返すのか！」といった具合に、話し合いが一層こじれることにもなります。

ここで、法律と教育の専門家の思考の相違を踏まえておきましょう。法律家は、発生した事案の解決を図るために、どのようないきさつで事案が発生したか、関係者はどのような関わりがあり、どのような責任がそれぞれにあったのかを考えます。

A君とB君にトラブルがあったとしましょう。法律家は過去の判例に基づき、総合的に判断して、責任割合は7:3ですね、と判断するのです。まさに自動車事故の責任割合のようなものですね。

教育者は、全く別の論理で問題を解決しようとします。同じくA君と

B君にトラブルがあった場合、A君もB君も自分の行為について真摯に反省し、相手を傷つけた行為について素直に謝罪することができれば問題ないと考えるのが教育者です。むしろ、今後お互いに気持ちよく生活するためにはどうしたらよいかを考えるのです。

　いわば、後ろ向きに責任割合を評価するのが法律家の思考であり、前向きな方向性で問題解決しようとするのが教育者の思考なのです。学校なのですから、前向きな方向性での教育的解決が最もふさわしいのです。

　しかしながら、保護者の中にはここを整理できず、過去の責任割合を明確にしなければ今後よい方向に進むはずがない、と固く信じている人がいます。しかし、子どもの関係性は双方向性の蓄積によって形成されますので、たった1つの事案の責任割合を明確にしたところで、お互いに気持ちよく解決できることは限られています。

　また、「**全てを文書で表現することは不可能**」であることにも留意しましょう。発生した事案を客観的かつ中立的に文書で記載することは可能でしょうか？　答えはノーです。「文書で表現できる内容は極めて限られた内容」でしかないのです。その情報量の少なさゆえに、新たな葛藤や紛争を生じさせやすいことも認識しましょう。

》》 管理職が心がけておくこと

　文書での回答・念書が及ぼす影響を具体的にお示ししましょう。

ケース1　念書を要求され応じてしまった

　A君がB君に意地悪をされました。A君の保護者は深刻ないじめであると学校側に訴えます。事情をよく聴くと、この事案は双方向的なケンカの延長線上で発生したものであり、両者とも事実を認め反省しています。しかし、いくら説明しても「いじめられた側がいじめだと

認識すればいじめだ！　今後一切いじめないように念書を書け！」と
A君の保護者は学校側に要求します。疲れ果てたB君の保護者も念書
を作成することに合意しました。B君の保護者は「今後一切いじめま
せん。半径10ｍ以内に近づきません」という念書を渡しました。し
かも、学校側も「A君がいじめられることのないよう、片時も目を離
しません」という念書を保護者に渡してしまいました。

　A君に教員が常時付き添うことは現実的ではありません。しかも、2
人は同じ教室にいるのですから、10ｍ以内に近づかないなんてできる
わけがありません。案の上、A君の保護者から「約束が違う!!」とい
う強烈なクレームがあり、学年の教員は無茶な要求をひたすら飲むし
かない、という事態に発展してしまいました。

　ついには1人の教員が休職に追い込まれます。管理職の対応に教員
らは不信感を募らせ、職員会議が成立しないほど対立関係が悪化して
しまいました。こうなると一枚岩での対応が不可能になり、指示命令
系統が機能せず、あらゆる保護者対応に失敗してしまうことになった
のです。

　一旦文書で回答することを了承すると、延々と同様のことを要求され
ることもあります。例えば文書で回答したり、念書を提出したりした際、
「この〇〇はどうなっているんだ」「ここは訂正してほしい」とか、「こ

こに〇〇と付け加えてほしい」「〇〇は削除してほしい」など、延々と要求が繰り返されるリスクを負うことになります。つまり相手方が納得いくまで、とことん付き合わされるリスクを背負わされることになりかねません。

　さらに、念書を渡すことで裁判に発展したときのリスクを高める可能性があります。念書に記されている内容に妥当性が認められれば、法的な効力を持ちます。よって、念書を作ったために、それを裁判などで利用されてしまうこともあり得ます。具体的には、「10ｍ以内に近づきません」と約束したことが守られていなければ、不利になることがあり得るのです。

共通の目標については文書で明文化する方がよい

　一方で、全ての文書回答を拒否すればよいわけではありません。児童生徒の教育的な共通目標などは保護者と学校との間で共有し、積極的に見える化を図るべきです。例えば、忘れ物が多いＣ君に対して、学校と保護者が連携して取り組む話し合いをしたとしましょう。

Ｃ君の指導に関する保護者と学校の共通目標

学校が取り組むこと

・連絡帳を書き忘れたときには、黒板の連絡を写真に撮ってよい
・帰る前に担任と必ず持ち物や提出物を確認をする

家庭で取り組むこと

・毎朝、Ｃ君と保護者で持ち物の確認をする
・タブレットを使って学校側と連絡を取る

必要な対応、やるべきこと

　以上のように、協力すべき点については、口約束ではなく明示して相互の理解向上を図るべきです。それでは実際に発生した事案で文書での回答や念書を強要された場合にはどうしたらよいのでしょうか？　実は答えは簡単です。以下のようにお答えください。

▶ **「文書による回答の法的義務はありません。教育的な解決に向けて話し合いをしましょう」**

▶ **「膝を交えて話し合いにより解決しましょう」**

▶ **「将来の関係性を縛るような念書は、学校という教育機関にはそぐわないので、お断りします」**

▶ **「文書作成のために、教員に大変な労力を負担させるわけにはいきません。そのこと自体が業務妨害になりかねません」**

　感情的に爆発して要求する保護者もいるでしょう。そのときこそ管理職の出番です。冷静に対応し、できないことをできないと毅然と伝えたとき、学校全体の一体感は高まります。このような場面は、**学校の「教育的枠組み」**（教育＝子どもの発達を促す、という立場からすべきこと・すべきでないことの線引き）を保護者にも、校内の教員にも伝えることができる、絶好のチャンスなのだと心得ておきましょう。

2 「相手の怒り＝こちらの落ち度」と すぐに思ってはいけない

ポイント

- 相手の怒りは自分の判断力を鈍らせる

- 相手が怒っているからこちらが悪いと考えてはいけない(帰属バイアス)

- 冷静に考えると、学校側の過失はない、ということも

- 60%の対応をして、法的責任が発生することはまずあり得ない

- 90%の対応をしたなら、90%の対応をしたことを説明する

相手の怒りは自分自身の判断力を鈍らせる

　感情爆発を繰り返す保護者への対応で、私が最も留意しているのが、**「怒りの大きさと結果の深刻さをてんびんにかけてみる」**ことです。相手が感情むき出しで怒っている場合、当然ながら興奮のあまり冷静さを失っているでしょう。そのことが、教員サイドの冷静さを失わせる効果があることを知っておきましょう。冷静さを失ってしまうと、相手の怒りの大きさばかりに目を奪われ、発生した事案の深刻さや重要性の程度を判断できなくなってしまいます。次に一例を挙げましょう。

ケース2 　学校のマスク着用指導が不十分と苦情を言う保護者

　2022年度までは、新型コロナウイルス感染症の影響で、全国の学校でマスク着用や黙食が推奨されていました。小学校4年1組担任の

O先生は注意深く子どもたちを見守っていたのですが、A君は時々マスクを外して生活していました。さらに、給食の時間、先生が急用で職員室に戻っている間に、放送の音楽に合わせて歌を歌っていたのです。適切に指導し、A君も反省しました。ところが児童の帰宅後、同じクラスの保護者が怒り心頭で来校しました。指導不足だと大声で担任を罵倒するのです。その保護者は怒りが収まらず、「うちの祖母が感染したらどう責任をとるつもりだ!!」とか「うちの子を二度と学校に行かせない!!」と、学校側の対応を非難し続けました。

担任は完全に冷静さを失い、顔面蒼白状態で平謝り、土下座要求までされそうな勢いでした。このようなケースはおそらく全国でたくさん発生したのではないでしょうか。自分の気に入らない対応をされたことで、一方的かつ暴力的に教員を非難する保護者が後を絶たないのは残念で仕方がありません。だからこそ、対応するスキルが求められるのです。

結論からいうと、O先生がこの保護者に謝る理由・根拠はほとんどありません。O先生は普段から丁寧に子どもたちに新型コロナウイルス対策を実施し、わかりやすく子どもたちに伝えていました。基本的に体育の時間はマスクを外すことや、熱中症対策にも気を配り、適切に管理してきました。また、給食の時間に急用で職員室に戻ることに何の過失が

あるのでしょうか？　その後のＡ君への指導もいたって適切で常識的でした。

　つまりＯ先生の対応はむしろ100点に近いものであり、何ら非難されるべきことはしていなかったのです。これが、**「怒りの大きさと結果の深刻さをてんびんにかけてみる」**という具体的なスキルなのです。相手の怒りが大きいと、自分の過失や不首尾が原因であったのではないかと疑心暗鬼が生じます。しかし、冷静に考えれば、これだけ大きな怒りの原因が、自分の指導にあったのだと考えることには大きな飛躍が生じてるのです。

　確かに高齢の祖母が新型コロナウイルスに感染すれば重大な事態になる可能性はあります。だからといって、「感染したら責任をとれ!!」というのはあまりに非常識で論理が飛躍しすぎています。冷静さを失うと、このような当たり前のことが見えなくなってしまいます。すなわち、**相手の怒りは自分の判断力を鈍らせる**のです。

再度、認知バイアスを意識しましょう

　第1章第１節で解説した「認知バイアス」を振り返ってみましょう。もし先ほどのケースで、何とか保護者の怒りを収めるために、まずはこちらの対応の不備をお詫びしよう、という対応を取るとどうなるのでしょうか？

　学校側は平身低頭お詫びすることで、こちら側の誠意を理解してもらおうと考えがちです。これで怒りが収まったら、とりあえずよかったと胸をなで下ろすことでしょう。

　しかし、このような対応が認知バイアスをさらに歪めてしまうのです。なぜなら、全て学校側の非を認めて解決したとなると、「これだけ対応していても叱られるのなら、もっとしっかり対応しなければ」と不合理な立場に追い込まれます。つまり、「やはり自分が悪かったのだ」とい

う帰属バイアスが強化されます。学校側を謝罪させた保護者は、「やはり学校の対応が悪かったのだ。もっと反省しろ。自分の主張は正しかった」という「確証バイアス」を増強させるでしょう。こういったすれ違い、もっとはっきり言えば学校側の間違った対応が、両者の認知バイアスを悪化させ、その後の対応を難しくさせることになるのです。

学校は常にダブルスタンダードを強要させられている

　新型コロナウイルスの感染拡大とその対応において、学校側はいくつもの難題を突きつけられました。ケース2にあるように、「絶対マスクを着用させてほしい」と要求する保護者がおり、一方で「絶対マスクは着用させたくない」という保護者も存在するのです。

　このような両極端の要求に対して、学校はどのように対応すればよいのでしょうか？　一方側だけの要求を実現させることは不可能ですし、不公平です。

　一人の保護者の要求にもダブルスタンダードが存在することもあります。例えば、特別な支援が必要な子どもの保護者から次のような要望をされることがあります。

「この子に対して特別な支援を提供してほしいのですが、特別扱いはしてほしくありません」

　一体学校はどのような対応が可能なのでしょうか？　このようなジレンマは後を絶ちません。文部科学省からは「個別最適な学び」と「協働的な学び」を一体化して充実させるように求められています。これらも矛盾なく成立するのでしょうか。国家的なダブルスタンダードといえなくもありません。

》 管理職が心がけておくこと

　保護者への対応に時間をかけることが教員のメンタルヘルスを損なわせていきます。

　何度も言及したいのは、本書で取り上げる保護者への対応というのは、「相当対応の難しい保護者」を対象にしています。よって**ごく普通の保護者に対しては、ごく常識的な対応でよいのです。**もちろん複雑な問題については時間をかけてじっくり対応することが重要です。

　一方で、対応が困難な保護者に対しては、時間をかけることがかえってマイナスになることもあります。図3-1をご覧ください。横軸は教員の努力量（かけた時間、誠実さともいえます）、縦軸は保護者から得られた信頼度とします。大抵は一次関数のように正比例するはずです。ごく常識的な方であれば、先生の誠実さが理解され、その関係が長期間継続すると、理想的な信頼関係が醸成されるのです。

　しかし、対応の難しい保護者に関してはこうならないこともあります。むしろそうならなければ、対応の難しい保護者だと認識してもよいでしょう。図3-2をご覧ください。正比例する図と比較すると、全く安定していません。むしろ時間をかければかけるほど、誠意を示せば示すほど、信頼度は低下しています。

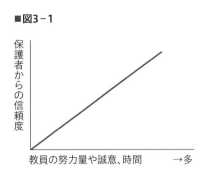

■図3-1

保護者からの信頼度

教員の努力量や誠意、時間　　　→多

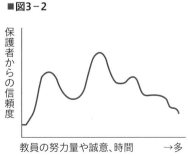

■図3-2

保護者からの信頼度

教員の努力量や誠意、時間　　　→多

おそらく両者の認知バイアスが深刻に歪んでいる場合は、**図3-2**のような関係になっているはずです。ケースによっては、「努力や誠意と結果は比例しない」のです。このことが、教員のメンタルヘルスを致命的に損なわせるのです。

必要な対応、やるべきこと

過度の怒りや過激な発言を伴う要求が保護者からあった場合、①自身の判断力が鈍り、②認知バイアスがさらに歪み、③できそうにないことを約束させられ、④次からの指導がより難しくなる、このような悪循環に陥らないことが重要です。61頁の「ポイント」を管理職と教員で共有し、肝に銘じておきましょう。

私が管理職として保護者対応するときに全教員に強調していたのは、「60％の対応をして、法的責任を問われることはまずない」ということです。人間ですから、常に100％の対応や100点満点の指導ができるわけがありません。

しかし、多くの教員は95点の対応をしているのに、マイナス5点分を指摘されたり非難されたりすると、まるで犯罪者扱いされているような状況になり、それに耐えているのです。これは本当におかしなことです。

90点の対応をしたのなら、どんなに相手方が怒っていたとしても、90点の対応をしたことを、堂々と伝えるべきなのです。一方で、100点満点の対応は極めて難しいことを大前提にして、マイナス10点分の指導を今後改善していきたいと、冷静に回答すべきです。そのような対応こそ、「誠実な対応」だといえます。「相手が相当怒っているからとりあえず謝罪しましょう」というのは、かえって無礼で、誠実な対応とはとてもいえません。

3 解決済みの問題を
蒸し返してはいけない

ポイント

- 新たな問題が発生すると、解決済みの問題まで持ち出す保護者には隠されたねらいがある

- 保護者自らがいかに傷つけられたか、被害者であることを印象づけようとする行為だと気づこう

- 相手方が悪質な加害者であることや、学校側の対応の悪さを強調することで、自分の要求が通りやすくするねらいがある

- 個人的復讐に学校は関与すべきではない

- 「その件は既に子ども達も納得し、保護者も含めて解決しています」と淡々と回答する

教育活動の全ての責任が学校にあるのではない

　教員は学校で発生したトラブルは全て学校の責任であると考えがちです。確かに監督不足で発生した事故や、授業中の怪我についての責任は学校にあります。しかし、日常的に発生する友人間でのトラブルや、休み時間や登下校中のケンカまで、全て学校側で責任を負えるはずがありません。とはいえ、同じ学年やクラスでの交友関係が影響している対人トラブルでは、ある程度学校側が関与して、反省をさせたり謝罪をさせたりすることは常識の範囲内の指導です。

　一方で、学校で発生した対人トラブルであったとしても、保護者間の不仲や葛藤が影響したクレームにはくれぐれも対応に留意が必要ですし、特に過去の解決済みの事案を持ち出して、被害の重篤度を主張して

くる保護者の場合には、現在の問題と切り分けて対応する必要があります。

ケース 3 　保護者が過去のトラブルを蒸し返す

　同じクラスのA君とB君の保護者は以前から折り合いが悪く、学校での些細なトラブルでも感情的な問題に発展していました。両保護者だけの葛藤だけならよいのですが、常に学校側を巻き込んで個人的な復讐を果たそうとするので、担任を含め学校は疲弊しています。

　先日もA君がB君に悪口を言われたと言って、A君の保護者が担任の監督不足を非難していました。話を聞くと、去年どころか幼稚園時代にまで遡り、被害経験を延々と述べます。一つひとつはさほど深刻でもなく、そのときの担任がしっかり問題解決しているのですが、「学校は何もしてくれなかった」の一点張りです。「では、両者で話し合いをしましょう」と提案しても、「全て学校が解決すべきだ」として応じてくれません。

なぜ過去の解決済みの問題を蒸し返そうとするのか

　第2章でも解説したとおり、「被害者意識」というのはとても強固な

認知であり、揺るぎのない「被害者意識」を他者が軽減させようとするのは極めて難儀な作業です。被害者にとって、自らが被害者であると他者に認めさせようとするのは、そのことによって自らに利益があるからです。つまり、被害者であることを認めてもらうことで、さらなる譲歩を獲得し、怒り感情爆発の正当化をねらっている可能性があるのです。

　そう考えると、「なぜこの程度のことで……」という案件でも、執拗かつ執念深く過去の問題にこだわる理由が理解できます。もちろん、その保護者も自らが解決できないような不安を抱えているケースもあります。しかしながら、不安に寄り添う形で真摯に話を聴いていると、余計に保護者の不安が膨らみ、過去の被害者意識を増幅させることになりかねません。**事実でないことが事実化されることさえあります。**

〉〉 管理職が心がけておくこと

　保護者の不安に「寄り添って傾聴する」ことが重要であることは当然です。しかし、そのような対応が結果的に事態をこじらせたり、被害者意識をより悪化させたりすることがあるという点を忘れないようにしましょう。

　特にこのような特性のある保護者の対応を担任に任せきりにすると、急速に精神的に追い込まれます。常識をはるかに超えるような主張が続くようなら、窓口は全て管理職にするべきです。

　厄介なのはこのケースのように、保護者間の折り合いが悪く対話が不可能なので、学校を巻き込んで、いわば学校側を操作して個人的復讐を遂げようとするケースです。学校で発生した過去の事案を蒸し返すことで、学校側にも一定の責任を負わせようとしているのです。

必要な対応、やるべきこと

　子どもたちは日常生活で様々な対人トラブルや葛藤を経験し、それら
を解決することでスキルを身につけていきます。学校でケンカやトラブ
ルが発生することは当たり前のことであり、解決済みの過去の問題を蒸
し返しても何ら前進しないことを、丁寧に説明しましょう。

　「その件は既に子ども達も納得し、保護者も含めて解決しています」
と淡々と回答するのが妥当な対応だと思います。しかしながら、保護者
との良好な関係性を望む担任がこのように伝えるのは難しいものです。
管理職が引き受けるタイミングを判断することが重要であるといえま
す。

4 相手の感情的決めつけに振り回されてはいけない

ポイント

- 「こちら(保護者)がこんなに怒っているのだから、相手側(学校を含め)が悪いはずだ」＝感情的決めつけ(自分の否定的感情だけが根拠)になっている

- 「私たちが嫌いなのだから、あの人(あの子)は悪いことをしているはずだ」と思っている

- 「もっとあの人(あの子)に聴き取りや調査をすれば、悪事がたくさん出てくるはずだ」と思っている

- 「事実でないことは事実ではありません。調査が必要であれば調査しますが、今回は必要ありませんから、どんなに要望されても調査いたしかねます」と回答する

「感情的決めつけ」という認知の歪み

　認知行動療法の理論(拙著参照[2])には、「認知の歪み」が10個存在します。認知の歪みとは、ネガティブな思考パターンで、その人独特で多少のことでは揺らぎません。その代表例が「感情的決めつけ」という認知の歪みです。感情的決めつけとは、「好き・嫌い・よい・悪い」というその人独特の感情を基準に物事を判断してしまうことです。

　例えば、「あの人は嫌いだから、悪い人だ」とか、「こんなに不快なことをする人間は、とんでもない人間に違いない」というように、客観的

＊2　松浦直己『教室でできる気になる子への認知行動療法 ー「認知のゆがみ」から起こる行動を変える13の技法』中央法規出版, 2018.

な根拠や基準が何もないのに、自分のネガティブ感情だけで価値判断をしてしまうのです。

　いくら自分が嫌いだからといって、勝手にその人を悪人に仕立て上げるのは行き過ぎです。しかしながら、自分の考えに少しの疑いも持っていない場合、「相手が悪い人だ」という情報だけ増幅して捉えるようになり、「いい面もある」という情報は受け取らないようになります。

　教員が「A君もこんないいところがあるのですよ」と伝えても、担任に対する不信感が増幅します。保護者から不信感を持たれることを避けたいと思い、教員はBさんの保護者が納得するような対応をしようとして、振り回されてしまいます。

　こうして問題が複雑化したりこじれたりします。Bさんの保護者の要求に沿って、周りの子どもに聴き取りを重ね、A君だけを悪者にした対応を続けると、様々な軋轢を生むことになり、他の保護者の信頼を失いかねません。

ケース4　一方の子どもが悪いと決めつけてさらに調査を強要してくる

　A君はやんちゃな男の子です。小さい頃から友達にちょっかいをかけ、様々なトラブルを起こしてきました。特にBさんは小学校低学年の時からたたかれたり、悪口を言われたりしたことを今でもよく覚えており、Bさんの保護者はA君のことを快く思っていません。現在は行動も落ち着き、むしろA君はみんなから慕われているのですが、学校生活でBさんがA君と接触すると、些細なことで何かとトラブルに発展します。その度にBさんの保護者は、「もっとしっかり指導してほしい。もっと悪いことをしているのに見過ごしている。うちの子どもがどんなに傷ついているのかわかっているのか！」というように、

すごい剣幕で怒鳴りこんできます。そして、さらに調査や聞き取りをして、全容を解明せよと要求してきます。あくまで双方向的なやりとりの中でのトラブルなので、担任も対応に困り果てています。

「傾聴」や「寄り添う」ことのリスク

　第1章第2節でも述べたように、「全面的共感」と「傾聴」には限界があります。**最も重要なことである一方で、全てを解決できないのです。**多くの教員は、子どもや保護者の話を共感的に受け止めて問題解決してきたでしょう。経験的に、「共感」と「傾聴」を継続することで全て解決可能であると思いがちです。しかし、ほんのごく一部ですが、こういった対応ではうまくいかないことがあります。「共感」と「傾聴」のみの対応は完全ではない、という前提を持つことで、教育的枠組みの重要性が理解できます。

　このケースではBさんの保護者の要求に応えれば応えるほど、A君およびその保護者の反発を受けることになりました。Bさんの保護者の不安や不満を解消しようとすればするほど、逆に不安や不満が強くなっていきました。なぜでしょうか？

　極端な要求を繰り返す保護者の多くは、**「ここまで要求に応えてくれ**

たからもうこれでよい」とはならないのです。ここを理解しないと、教員は、甘い期待をして要求に応えてしまうのです。

　だからこそ「教育的枠組み」が重要です。常識的に判断して、「学校がすべきこと」と「学校がすべきでないこと」をしっかり区別して対応すべきです。教育的にすべきでないことについては、「できません」と明瞭かつ根拠をもって伝える姿勢こそ、誠実さだといえます。

≫ 管理職が心がけておくこと

　教員が保護者対応で困っているときに、管理職は自分の成功体験を持ち出さないことです。たいていの成功体験は知らない間に美化されています。管理職なら、本書で登場するような対応の難しい保護者の経験もあるはずです。もちろんうまくいかなかったことも経験済みでしょう。しかしながら、特に若い教員に助言する際は、自分の成功体験を語ることが多いのです。

　これをされた教員は、「なぜ自分だけはうまくいかないのだろう」「自分は教師に向いていないのではないか」と余計に自信をなくします。そして困ったことがあっても、「どうせ自慢されるか、自分の無力さを指摘されるだけだから……」と考えてしまい、相談すら億劫になり、自分で抱えてしまうのです。

　管理職はよく「自分1人で抱え込まないように」といいますが、やや自己矛盾しています。結果的に**抱え込ませてしまっています**。抱え込まないように、風通しよく、相談しやすい態勢をつくるにはどうしたらよいか。一つは自分の成功談を極力控えること。もう一つは、ただ悩みを聞くだけではなく、具体的にどう対応したらよいかを教示することです。自分が出した指示に関しては全責任を負うのは当然です。

　このようなケースで、経験の浅い若手の教員が精神面で追い込まれて何らかの疾患を発症し、長期休職に至ることがあります。精神疾患になっ

てからフォローしても遅いのです。休職は、本人にとっても家族にとっても大きなトラウマになります。「何をすればよいか、どう対応すればよいか」を具体的に示し、失敗した責任は校長がとるといった態勢をつくると、精神疾患による教員の休職も相当減るのではないかと思います。

必要な対応、やるべきこと

　根拠なく、相手側を悪人に仕立てて、感情的な決めつけで要求をしてくる保護者には、**「事実でないことは事実ではありません。調査が必要であれば調査しますが、今回は必要ありませんから、どんなに要望されても調査いたしかねます」**と回答しましょう。

　このケースでは、保護者の要求が常識の範囲を超えた時点で、管理職がBさんの保護者対応のハンドリングを担うべきです。全ての情報の窓口は校長であり、Bさんと保護者に関連する情報は校長に集約します。日常生活における指示は教頭でも構いませんが、重要な決定は校長が行います。こういった指示命令系統の明確化は、事態収束に寄与します。

5 | 保護者とのもろくて短期的な 信頼関係に囚われてはいけない

ポイント

- 教員は保護者の信頼を得ようとして、あらゆる要求に応えようとしがち

- そのことをよく知っている保護者は、自分との信頼関係を損ねることでとんでもないことが起きると脅迫に近い発言をする

- 「前の担任はこんなこともしてくれた」「今までは学校側はこちらの言うとおりにしてくれた」という発言にはくれぐれも注意が必要

- 教員や学校ができることには限界があることを、自らも冷静に認識しつつ、保護者対応すべき

- もろくて短期的な信頼関係にしがみつくような対応は禁忌

短期的な信頼関係に囚われてしまうリスク

　「先生、信頼しています」「先生のおかげで素晴らしい一年でした」……。保護者からのこのような言葉かけをもらえると、教師冥利に尽きますし、一生懸命やってきてよかったと心から思えるでしょう。保護者との信頼関係が良好だと教員の自信にもつながります。

　逆に言うと、「よい先生でありたい」という誘惑に駆られ、保護者からの常識を逸脱した要望に応えてしまうことがあります。不当な要求であっても、教員は無下に断ることができません。特に経験の浅い教員は保護者からの要望には100％誠意を尽くして応えなくてはならないという、やや強迫的な観念があるようです。

　そして、その気持ちを逆手にとって、脅迫に近い要求をしてきたり、

要求を呑んでくれたら学校を信頼するなどといった取り引きを持ち掛けてくる保護者もいます。

ケース5　子ども同士のトラブルを教員に丸投げする保護者たち

　中学受験を間近に控えた小学校6年生のA君とその保護者は、低学年の頃から他の子どもや保護者とトラブルが続いていました。カッとなると暴言が出てしまったり、悪気はないのですが相手が傷つくような発言が続いたりして、みんなが距離をとるようになり、A君は常に疎外感を感じていました。A君の保護者は、主たる原因はクラスメイトの無理解にあると考え、直接、相手の子の保護者に苦情を申し入れることが度々ありました。

　このような関係に双方がうんざりして、何か問題があるとこじれます。A君の保護者は、「今後一切トラブルが起こらないように片時も目を離さないでほしい」と学校側に要望し、他の保護者からは、「A君とのトラブルに関しては、うちの子が被害を受けていても一切親が関わらないように学校で対処してほしい」という要望が複数からありました。今後どのように対応していいか皆目見当もつかず、担任は頭を抱えています。

「毅然とした対応」とは何か

　このようなケースでは要望する内容は理解できるので、「わかりました。何とか努力します」と回答しまうことがあります。しかし、両者の要望に応えることは不可能であり、できない約束をしてしまうことのリスクの大きさは計り知れません。

　例えば、何も問題が起きないようにA君を24時間監視することは可能でしょうか？　答えは否です。どのような注意力を発揮し、適切な指導を持続したとしても、生活全体をコントロールすることはできないのです。A君の保護者は「人手を増やして行動観察してほしい」と要望しましたが、これも無茶な要求です。30名程度の子どもが毎日限られた空間の中で、学習・運動・生活全般を含め共同生活しているのです。どんなに教員が丁寧に観察したとしても、トラブルは起きるものです。それが学校なのです。

　他の保護者からの「うちの子が被害を受けたとしても被害自体を親に知らせず、問題解決を全て学校に委ねる」といった要望も到底受け入れられません。子どもは家庭と学校で育つのであり、学校でトラブルがあったとはいえ、全ての問題解決を学校に任せるなどあり得ない要求だと認識しましょう。

　保護者にとっては、こじれた問題に振り回されたくないとか、相手方と話し合いをするのが面倒、といった理由で学校側に問題解決を丸投げすることがあります。 そのときには、「学校側を信頼していますので、どうぞよろしくお願いいたします」とか、「先生だけが頼りです」と、全面的に信頼しているので首尾よくやってほしいと要望します。しかし、所詮無茶な要求ですので、何かトラブルが起こると手のひらを返したように、「あれだけお願いしていたのに、なぜうまくやってくれなかったのか」とか、「教師はプロではないのか」といった口調で学校を責め立てることとなりました。

保護者は他の保護者と対立したくないので、学校に全てを任せようとするのですが、自分の思い通りにいかない場合は学校側を非難します。つまり、このようなケースでは保護者はノーリスクで事態を見守るだけでよいのです。一方で対応を任された担任はたまったものではありません。いわば、ノーリターンで全リスクを背負い込むようなものです。

保護者に問題解決のスキルをつけてもらう

子ども同士でもたくさんの問題が発生します。例えば、塾でこっそり友達とネットショッピングでいかがわしい買い物をしたとか、ネット空間で可能なギャンブルをしたなどです。どう解決したらよいかわからない親が頼るのは、結局は学校ということになります。一般の保護者だけでなく、社会全体も子どもの問題が発生する度に、「学校がもっとしっかり教えるべきだ」と主張することが通例です。しかし、全てを学校に任せていたら、事態はもっともっと悪化し、何一つ問題解決することはないでしょう。

だからこそ、親に問題解決のスキルをつけてもらわないといけないのです。当然ながらスキルが未熟な親ほど、学校に頼ろうとします。先のケースでいえば、保護者同士の対立が基盤に存在しているわけですが、要は両方の保護者に、問題解決したり仲直りしたりするスキルが欠けているのです。自分では到底解決できそうにないので、都合よく学校に丸投げしているとも表現できます。こういうケースこそ、**多少時間がかかっても、両方の保護者同士で正々堂々と話し合う場面を設定して、折り合いをつけてもらうことが重要です。これを私は「保護者にも問題解決のスキルをつけてもらう戦略」**と呼んでいます。

「子どものケンカに親が出てくると話が厄介になる」とは昔からよく言われてきました。養育スキルのある保護者は、「子どもはケンカするものだし、子どもが親に言う話も全部が全部本当とは限らない」ことを

よく理解していました。今回のケースは「子どものために」と言いながらも、「自分が問題を抱えたくない」のと「自分の力ではうまく解決できない」といった思いが背景にあったと思います。こんな時こそ、保護者にスキルを磨いてもらう絶好のチャンスと捉え、学校側は保護者同士が話し合える場や機会を提案するなどして、保護者に問題解決の練習をしてもらうようにしましょう。

Column

昔よりも子育ては難しくなっている

　時代はどんどん変化していきますので、子どもを取り巻く環境も加速度的に変化しています。インターネットやスマホ、ネットゲームなど保護者が子どもの時には存在しなかったモノやサービスがあふれています。便利さと共に複雑な問題と付き合っていかなければならなくなったのは、致し方ないといえます。一般的には子どもたちに対してどうスキルをつけていくかばかりが議論されていますが、私はどのようにして親のスキルを高めていくかのほうがはるかに重要だと考えています。

　保護者は、どのようにして養育のスキルを身につけるのでしょうか？親のスキルを向上させるような体系的な取り組みは存在しません。ネットやゲームがない時代に、子どものゲーム依存など心配する必要がなかったのです。衝動性制御が脆弱な子どもにとって、ゲームやスマホは残酷なおもちゃであると思いますが、実は与えてしまった親のほうもその残酷さがブーメランのように跳ね返ってきます。衝動性制御に困難がある子どもに対して、どのようにゲームを与え、どのようにコントロールさせればよいかなど、誰も教えてくれないからです。しかしながら世の中はどんどん複雑になり、リテラシーや節度を求められ、子どもの立場に立って、多様な価値観がうずまく社会の中で問題解決することが要求されています。つまり、最近の親の養育能力が低下したのではなく、子育て自体が極端に難しくなっているのです。

≫ 管理職が心がけておくこと

　毅然とした態度を示す重要性を先に述べましたが、実は教員は単独では毅然とした態度をとることができません。安定した学級経営は、教員と子どもとの関係だけでなく、背景の保護者との信頼関係が不可欠だからです。前述のようなケースで、「**この件は保護者間同士のことですので、そちらで問題解決してください。学校としては一人ひとりの子どもを大切に、公平に接していきますから、どうぞ安心してお子様をお預けください**」といえるのは校長のみです。担任がここまで明確に言うことは難しいでしょう。

　「校長は保護者に対してこのような姿勢、方針で対応していくよ」というメッセージを発信する絶好のチャンスです。このような学校マネジメントの明確な方針を理解した教員は、安心して本務に専念できるのです。できれば、「**校長はこのように保護者に話すから、あなたたちはこのように対応してほしい**」と付け加えるとさらに効果的です。命令指揮系統が明確になります。こうなると、教員も自分に都合が悪い情報でも管理職に相談できるようになります。最終的に、「保護者対応で何かこじれたときは全て管理職預かりにするので、報告よりもまず相談してほしい」という方向性を全教員が共有できれば、チームが1つになるといえると思います。

必要な対応、やるべきこと

　生徒指導関連の書籍ではよく、「毅然とした対応をしましょう」と説いています。しかし具体的に「毅然とした対応」とは何なのでしょう。つまるところ「できないことをできないとはっきり言う」ことですが、さらには「なぜできないか、なぜやるべきでないかを説明する」ということでしょう。

保護者間の葛藤があるからといって、子どものトラブルに親の利己意識が絡んでいいはずがありません。子どもの健全な成長が阻害されるばかりか、担当する教員のメンタルヘルスも損なわれてしまいます。保護者の養育責任まで学校が過分に引き受けることはあってはならないのです。学校のやるべきことと家庭がすべきことを明確にかつ冷静に、根拠を示して保護者に説明する姿勢こそ、「毅然とした対応」といえるでしょう。

6 同僚の教員や管理職の批判を鵜呑みにしない

ポ イ ン ト

- ●前任者等をこきおろし、「あなただけは信用してやる」ことで譲歩を引き出そうとしている

- ●あまりにも感情的で大げさな表現を使用するので、あたかもそれらが本当のように信じてしまう（事実化してしまう）

- ●次に自分が「こきおろし」をされたくないので、教員側も何とか要求を聞いて乗り切ろうとする誘惑に駆られる

- ●もし、過激な保護者の発言（同僚らのこきおろし）に少しでも同意しようものなら、「あの先生も、あなたのことを悪く言っていた！」と利用されるであろう

- ●このような親への対応は、組織が一枚岩であることを示す絶好の機会と捉える

同僚や管理職批判に安易に付き合ってしまうリスク

何に対しても批判的という人はいます。学校に批判的な態度を持っている保護者は、あらゆることに不満を持ち、相互にリスペクトするという意識はあまりありません。その場合、新しい担任に対して、前担任の批判や管理職の悪口を並べ立て、相手の出方を見るということはよくあります。もし、教員であるあなたが、このような状況でその親に同意したり曖昧な態度を見せたりした場合、かなりの確率で、その保護者のペースに乗せられているといってよいでしょう。

ケースによって、自分達（保護者）がいかに学校や担任から不当な扱

いを受けたか、不遇を味わってきたかを主張して、あなただけは自分達の要求は最優先で聞いてくれるという保証を求めている可能性があります。対応が曖昧で、学校組織が一枚岩でないことを示すような反応をすれば、より一層そのような要求を強めます。自分だけは、その保護者から批判されたくない、という誘惑に負けていることが悟られているからです。ある意味では足元を見られているのです。

ケース6　子ども同士のトラブルを教員に丸投げする保護者たち

　小学校5年生の女児Aさんの母親は不安特性が強く、子どものことであらゆることを心配しています。些細なことでも自分が納得いかないことがあると延々と持論を展開します。家庭訪問をした担任は3時間以上対応したことがありました。結局は同じ内容の繰り返しなのですが、主には前担任への不満と管理職や他の教員らの対応のまずさへの批判です。もちろんそれぞれの教員は役割分担しながら全力を尽くしており、母親が主張するような対応の不備はありません。しかしながら、母親は興奮してくると、対応への不満のみならず、人格攻撃にまで発展します。感情爆発に伴い、強烈な言葉や態度で自分の職場の人間をこきおろすので、現担任は何も反論することもできず、ただただ聞いているしかありません。母親から「あなただけが頼りだ」と言われるので、長時間対応に疲労困憊しているのですが、拒否することもできません。少しでも意に反する行為をすると、自分まで徹底的にこきおろされるのではと、恐怖心に苛まれています。

あなただけが頼り

あんな校長の味方なの!?

全てを受容的かつ共感的に受け入れてしまうことは教育的に正しくない

　第1章で、ケースによって受容的かつ共感的な対応には限界があると述べましたが、このケースが典型的です。いうまでもなく、相手の不満に対して誠実に傾聴し、感情爆発にも付き合いながら、どのように改善すればよいかを検討していくことは問題解決の基本です。教員は対人援助の専門家ですので、よりそうした姿勢が求められるといってよいでしょう。しかしながらこのような常識がしみこんでいるので、非常識かつ不合理な要求を突きつける親にまで、受容的かつ共感的な対応をしてしまうことがあるのです。

　よくこんな質問をされます。「基本的には受容的で共感的であるべきですが、そうしてはいけないケースがあるとおっしゃいましたね。その線引きはどこなのですか？」本当によい質問です。線引きの基準は大きく3つあると思います。1つは「感情爆発」、つまり感情爆発の衝動制御不能が顕著であるケースです。2つめは「人格攻撃」です。3つめは「対応時間の長さ」（おおよそ30分を超える）です。

　トラブルの内容にもよりますが、常識的かつ合理的に考えて、結果として感情爆発の大きさ（大声で怒鳴る、血相が変わる）から考慮して、そのきっかけがあまりにも些細である場合は、行き過ぎた共感的対応が逆効果になる場合があります。どちらかが冷静さを欠いた話し合いが良好に展開するはずがありません。

　ごく常識的な対応をしたのにもかかわらず、「あの先生は信頼できない」というのは人格攻撃です。自分の感情や価値観だけで「嫌い」とか「信頼できない」と発言することは相手を傷つける行為であり、到底容認できるものではありません。合理的根拠がない場合は一層許されるものではありません。

　最後の「対応時間の長さ」は、線引きの基準として最もわかりやすく、

かつ重要です。面談で30分を超えると、ほぼ同じ話題の繰り返しになります。相手の親が過度に怒っていたり、人格攻撃を繰り返したりした場合、面談そのものが長時間になり、怒りの強度が増していくことが通例です。30分で一定程度の折り合いに至らなかった場合、長時間の話し合いになればなるほど、こじれることになるのを肝に銘じるべきです。

》》 管理職が心がけておくこと

このようなケースで管理職が心がけるべきことは以下の3点です。

①安易に家庭訪問させない

生徒指導の基本として、「何かあったらすぐに家庭訪問する」ことを推奨する管理職が多いことに驚きます。学校側の誠意を示す行動ととして理解できないことはないのですが、このようなケースで家庭訪問させるのは禁忌です（たとえ2人以上で対応したとしても）。容易に感情爆発を反復する人は、感情爆発できる状況で、一層激しく爆発します。つまり、人目をはばかる必要がない自宅で、どんなに感情爆発しても、人格攻撃しても相手が反論してこないという状況は、感情を爆発させる絶好の機会を与えていると考えるべきです。非合理的で独善的な主張に対して、適切に対応できるスキルのない人間を家庭訪問させるべきではありません。事態はさらに複雑化して、対応した教員のメンタルヘルスを損なわせることになります。

②「チーム学校」を作る

このようなケースでは、校長は担任を中心とした個々の教員の対応スキルに期待して、とりあえず親の怒りを鎮めるよう指示することがあります。場合によっては、ベテランで物腰柔らかい教員に裁量権を与えて丸く収めさせるようにすることもあるでしょう。感情爆発や人格攻撃を繰り返す親に対して、なるべく穏便に対応させるようにするこれらの校長の対応は、うまくいくことはありません。

校長は組織のトップであり、難しい保護者の対応は最前線に立ち、直接対応することが求められます。つまり家庭訪問ではなく、校長室に来てもらい直接話をするのです。学校の対応を説明し、感情爆発して30分以上怒鳴り続けるようであれば警察を呼びます（もちろん事前にそのことは伝えます）。そして非常識かつ非合理な教員に対する人格攻撃は許されないことを、毅然とした姿勢で明確に伝えるのです。これは校長にしかできません。

　「チーム学校」をもう一度定義しましょう。一番難しいケースは校長が対応し、どのように対応したらよいかをモデルになって教員に示します。全ての情報は校長が一元管理し、指示命令系統のトップは校長であることを教員全員に周知徹底させるのです。不合理で攻撃的な要求から教員を守り、理不尽な状況を生み出さないよう責任を果たすのは校長であり、それを有言実行の中で実現していくのが校長です。これがチーム学校です。

③対応策を直接指示する

　組織のトップとしてチーム学校を運営する校長は、的確かつ合理的な意思決定を実行する責任があります。常軌を逸した態度で無茶な要求を示す保護者に対して、最前線で対応すべきは校長ですが、その子どもに対して最前線で対応を任せられるのは担任であり、学年の教員です。保護者がいくら無礼な態度で学校と対立したとしても、子どもに責任はありません。どの子どもも対等に扱い、もしその子どもにトラブルがあったとしても、その他の子どもと同様に対処し、経緯を保護者に説明しなければなりません。難しい判断は校長がします。全ての責任を負った上で、教員に一つひとつ指示を出します。うまくいかなければ次善の策を考え、そのことを率直に教員に伝え、命令ではなく指示を出します。その指示の意図も明確に教員に伝えます。できれば全体の会議の中で、カギとなり得る場面で対応策を直接指示することが効果的です。校長の意

図を職員全体が共有した上で対処する、指示したことを忠実に執行してうまくいかなければ校長の責任、そうした姿勢を徹底することがチーム学校の成立につながります。

必要な対応、やるべきこと

　教員は性善説に立ち、同僚らのよい面をよく知っているので、彼らのこきおろしを聞かされるのは非常に辛いものです。それでは、担任はどのように対応したらよいのでしょうか。学校側へのこきおろしが尋常でない保護者に対しての対応は、**「○○校長も○○先生も職務を遂行するために全力を挙げて職責を全うしていました。信頼の厚い、立派な先生方です」「我々はチームで対応しており、それぞれリスペクトし合いながら教育活動を進めています。一部の先生方への不当な批判は受け入れられません」**というように対応しましょう。

　毅然とした態度が教員を守ることにもつながります。このような対応スキルを磨くことで、組織を強化できるのです。難しいケースでは想定通りうまくいくことは少ないでしょう。しかし、難しいケースを組織で対応することにより、職場環境の質を上げていきたいものです。

　また、管理職が情報を一元化し、直接的かつ具体的に指示を出すことによって、失敗するリスクを減らすことができます。**このようなケースで適切な対応を徹底することにより、保護者に対して、組織が一枚岩であることを示す絶好の機会と捉えましょう。**

7 一方の子どもに都合がよいことでも他方の子どもの不利益になることはしない

ポイント

- 「教育的に正しいことは何か」を見失わないようにする

- 強烈な要求が続くと、「教育的にすべきこと」「教育的にする必要がないこと」「教育的にしてはいけないこと」の境界線が曖昧になってくる

- 学校や教育の限界を認識する

- 判断力を失なわず、あくまで「常識とは何か?」を問い続ける

「教育的に正しいことは何か?」を見失ってしまうリスク

　世の中には自分中心にしか物事を考えることができず、全く合理性がない主張をし続ける人がいます。そのような人から強烈な要求が繰り返されると、対応する側の判断力が鈍って、それがまかり通ってしまうことがあります。学校での例を挙げましょう。

- 「こんな成績では中学受験できない。子どもの成績を上げるか、テストをやり直してほしい」

- 「音楽会でのピアノ伴奏のためにこんなに練習してきたのに、他の子どもが選ばれたのはなぜか?　全ての選考内容を明らかにして文書で説明してほしい」

- 「子どもの帰りが遅くなると困る。1分でも遅くなるときには家に連絡がほしい」

　これらは実例であり、決して大げさなことではありません。最後の例は、保護者からの「子どもの命に関わることなので、必ず連絡してほし

い。必ず時間通りに帰宅させてほしい」という要望を断り切れず、学校側は子どもの帰りが遅れないように、毎日冷や冷やしながら対応していました。その子どもが寄り道をして帰宅が遅れてしまった場合でも、その親は学校側の指導不足を厳しく指摘するなど、常軌を逸していました。これ以上学校側で対応できないことに気づいたものの、時すでに遅し、途中から対応を変えることができず、ずるずるとその保護者の要望に応えざるを得なくなったのです。

「教育的にすべきこと」「する必要がないこと」「してはいけないこと」をしっかり区別する判断力を失うと、常識的におかしな要求を受け入れてしまうことになります。

ケース 7 | 個別指導や家での学習指導など、無理難題を要求する

特別支援学級に在籍する小学校6年生のA君は、感情爆発が激しく、一度かんしゃくを起こすと先生や友達に対して怒鳴ったり暴力を振るったりします。機嫌がよいときや、やりたいことがぴったりはまると、喜んで作業することができますが、そうでないときは自由気ままに過ごしています。

母親は教育熱心で常に成績に注意を払い、本人の勉強時間の確保と学力定着を学校側に要求します。「6年生なのに学年相応の学力が定着していないのは学校側の責任である」と主張し、1日数時間の個別指導や、さらには家庭訪問での学習指導も要求するなどエスカレートしてきています。特別支援学級には他に3名の児童が在籍しており、A君だけに長時間個別指導することには限界があります。しかし、その点の理解は得られず、特別支援学級での掃除や片付けなどもA君には必要ないとして、学校での学習活動は勉強だけに限定させてほしいとか、学級内での友達とのトラブルも全て学校側が解決すべきことであると詰め寄られている状況です。

学校は特定の誰かのための組織ではなく、
公教育の役割を果たす場所である

　第2章でお伝えしたように、極端なクレームを突きつける人の中には、特徴的なパーソナリティを持っている人がいます。このケースがまさにそうです。自己愛性パーソナリティは誇大な自己評価を特徴としており、「自分はもっと大切にされていいはずだ」「自分の要求は最大限実現されるべきである」という非合理的な信念を持っていることがあります。

　このような要求に応えてしまうと、学校は特定の誰かのための組織になってしまい、全体の奉仕者として、公教育の役割が担えなくなってしまいます。公教育を担う教員は、全体の奉仕者でなければなりません。よって、自分の子どもへの過大な援助を要求して、他の子どもへの援助が低減してしまうことを何とも思っていない保護者に対して、毅然とした態度で対応しなくてはならないのです。

　このような要求をする人たちの共通点として、一貫して自分の言動に無責任であることが挙げられます。このケースでは、学力定着の全ての責任を学校に負わせようとしていますが、あまりにも飛躍しすぎています。子どもの学力定着の第一責任者は保護者です。その点を無視して学校の教員に家庭学習の支援までさせようとするのは非常識過ぎるといえ

るでしょう。「教育的に正しいことは何か？」という判断力を鈍らせると、本ケースのように深刻な学校トラブルを招くことがあるのです。

》》 管理職が心がけておくこと

　このようなケースで管理職が心がけるべきことは以下の3点です。

①「教育的に正しい対応とは何か」を明確にし、教員全体で共有すること

　A君に必要なのは、感情爆発を頻発させないようなセルフコントロールのスキルであり、掃除や片付けなどの日常生活における自立と自律の非認知的スキルです。もちろん学力定着という認知的なスキルの蓄積も必要不可欠ですが、良好な発達を支援するためには、両方をバランスよく指導していくことが重要です。

　保護者が要望しているからといって、このような基本原則を無視して、学力だけ高めようとしても本人のためになりませんし、そもそも実現不可能です。もちろんA君以外の子どもたちも同様で、それぞれの優先すべき課題や目標は異なりますから、個別の指導計画が存在するのです。教員は指導計画に則って、特定の誰かに偏重することなく、指導することが求められます。これが**「教育的に正しい対応」**です。

　重要なのは、**何が教育的に正しい対応なのかを、校長が教員全体に周知し、実際に遂行させることです。**強烈なクレームに参ってしまった教員は、何が正しいか混乱していることがよくありますが、このような校長の姿勢で救われます。

　「教育的に正しい対応」は何かを判断し、対応の遂行を指示することで、「保護者の要求に応じない」のではなく、「学校がやるべきことをやっている」意識を定着させるのです。

②保護者に学校の枠組みを理解してもらうこと

　難儀な仕事ではありますが、前述の考え方を率直かつ冷静に保護者に説明し理解してもらうことが重要です。繰り返しますが、「保護者の願

いを聞き入れない」のではありません。より高いレベルで「教育的に正しい対応」を提案するのです。

　もう一つ、**常識的な考え方を伝えることも重要です。**A君だけを長時間個別指導することは、結果的に他の子どもを放置することにつながりかねません。これは「教育的に正しくない対応」であり、常識的にもおかしいのです。学校は教育的に正しくないことも、常識的におかしな対応もできません。そのような「学校の枠組み」を繰り返し説明し、理解を求めます。

　家庭教師の役割まで求められたら、即座に断りましょう。本ケースの要求は常識的にはあり得ないようなレベルですが、激しい要求が持続すると感覚が麻痺してきて、親の要求に応えることでこれ以上のクレームを回避しようとすることがあります。

③担任の精神衛生を最優先すること。可能な限り本務に専念させること

　保護者対応の最前線で悩み、葛藤し疲弊するのは担任です。このケースでも担任は困り果て、保護者対応のみならず、通常の教育活動までどうしてよいかわからなくなっている状態です。こちらを立てればこちらが立たずといった状況で、ただひたすらクレームが来ないことだけを祈るというような、ある種の異常状態です。

　このような状況を放置すると、教員のメンタルヘルスが損なわれます。そのことにより仕事のやりがいを失ったり、ミスが多くなったりします。学校運営上きわめてリスクが高い状態になってしまいます。

　こうしたケースでは、全ての保護者対応は管理職マターにすべきでしょう。担任には子どもへの教育活動に専念してもらうことを伝え、実際にごく小さな問題でも、こうした保護者への対応については管理職が担うようにします。そうすることで担任の精神衛生を守ることと、保護者に学校の姿勢を伝えることができます。

必要な対応、やるべきこと

　ここまで述べてきたように、**管理職が保護者対応に当たり、「Aという
お子さんにも、Bというお子さんにもよいことなら、学校は全力でや
らせていただきますが、Aにとってよいことが、Bにとって不利益にな
るなら、学校は一切やりません」という学校の方針を貫きましょう。**
終始、一貫した態度をとることが必要です。

　教員や管理職から、「何度も説明したが、保護者の理解を得られなかっ
たらどうしたらよいのか？」という質問もよくいただきます。至極簡単
です。それでよいのです。理解してもらえなくても仕方がありません。
要求が通らなければ激高したり、強烈に学校を非難したりするかもしれ
ません。理解を得られなくても、学校はやるべき教育活動に淡々と取り
組んでいけばよいのです。説明の目的は、「保護者の理解」ではなく、「学
校の枠組みを示すこと」にあるのです。

8 極端で過剰な要求をする保護者に振り回されない

ポイント

- ● 相手の極端要求に振り回され、何が常識かわからなくなっている

- ● 極端な要求は相当現実離れしているが、あまりにも頻度と強度が強いと、常識が麻痺してしまう

- ● 教員は安定して職務を遂行する権利を有している

- ● その権利を侵害するのは明らかに違法行為であると認識すること

- ● 警察、弁護士と適切に連携をとる

「相手の要求を受け入れればいつかはわかってくれる」と安易に期待してしまうリスク

　「自分（保護者）が納得するまで対応せよ！」「不登校状態の自分の子どものために、毎日学習支援のために家庭訪問するべき」「こちらがこんなに苦しんでいるのだから、おまえは担任を辞めるべき（退職すべき）」「学校は信用できない！」「これが呑めないのなら、訴える（または報道機関に暴露する」と言われると、学校は極度に萎縮し、常軌を逸したような要求でさえ一旦は受け入れて対応しようとします。ここに落とし穴があります。非常識な要求に一旦応じてしまうと、いつかは破綻しますので、「これ以上はできません」と応じざるを得ません。そうすると、「この前までの対応と違う！」とか、「せっかく信用してやったのに！」とかえって関係が悪化してしまうのです。

　この背景には、教員側の「相手の要求を受け入れれば、いつかはわかっ

てくれる」という根拠のない前提が存在しています。これは危険かつ不合理な意思決定につながります。第1章でも説明したように、「全面的共感」「徹底的に寄り添う」といった対応が、逆に過剰な要求を過激化させるケースもあるのです。

　過剰要求であっても、一旦は受け入れると「学校はよくやってくれた」と親が反応することもあるでしょう。それを期待してこのような対応を継続しようとしてはいけません。非現実的で非常識な過剰要求に付き合い続けられる可能性はゼロなのです。特に「お互いさま」という感覚が欠けた保護者のケースでは要注意なのです。

ケース8　あらゆる活動で過剰に子どもの個別支援を要求してくる

　全体的に発達の遅れのある小学校5年生のA君は、何事にも控え目な性格で、友人関係も良好で落ち着いた生活を送っています。しかし、勉強や運動に自信がなく、失敗ばかり気にしています。実際に読み書きが極端に苦手で、学習意欲は高くありません。ゲームのルールを理解できていない場合、体育の参加も渋ります。A君の母親は過剰に心配性で、そんなA君を見て常にイライラしています。「特別扱いはしてほしくないが、特別な配慮はしてほしい」と要求され、担任は困っています。A君が帰宅すると、母親は本人から全ての情報を聞き取ります。1つの活動でも個別支援がなかったときは、連日クレームの電話がかかり、1回の対応で1時間以上かかります。要求はどんどんエスカレートしていきます。A君に発達の遅れがあることを一切認めず、特別支援学級の転籍についても断固拒否しています。あらゆる教育活動で個別支援を要求し、学校の支援が十分であればA君に問題はないと主張します。

「譲歩を続けることでいつかはわかってくれる」という
楽観的姿勢のリスク

　保護者対応については、たくさんのマニュアルが出ています。恐らく典型的には、「単なる苦情と片付けず、保護者の訴えを受け止め、しっかりと聴く」とか、「受容的な態度で保護者の願いを受け止め、相手に共感しながら聴く」などと書かれているでしょう。最初の対応としてはきわめて正しい行動だと思います。

　繰り返しになりますが、本書で取り上げるケースは、強度も頻度も深刻度も尋常ではない要求を繰り返す保護者を想定しています。そういった保護者に対して、最初は全面的に受け止めて共感的に対応し、信頼関係を構築してから、「できないことはできない」と伝えるということが可能なのでしょうか？　ここが最も難しい点です。常軌を逸した過剰要求を繰り返してきた保護者に対して、一旦全面的かつ共感的に受け止めた事案において、「よく考えたらあなたの要求は常識をはるかに超えているので、学校は対応できません」と後から回答するのは、かなりハードルが高いのではないかと思います。

　可能な限り最初の段階で、「学校教育の枠組みとは何か」「学校がすべきこととは何か」「保護者に責任を持って取り組んでもらうことは何か」

を積極的に伝えることこそ肝要であると考えます。

　しかし、なかなかこれが難しいのです。それは教育関係者全体が、「譲歩に譲歩を重ねることで、いつか保護者はわかってくれる」という根拠のない信念に囚われているからではないでしょうか。難しい保護者に対応してきた先輩諸氏の功績はあまりにも大きいと敬意を表しますが、そのような成功談を一般化して、非常識なほど自分本位な保護者に対しても同様な対応をし続けると、いつかは破綻し、教員のメンタルヘルスが損なわれます。

》 管理職が心がけておくこと

　管理職は次の3点を心がけてほしいと思います。

①保護者の要求するダブルスタンダードに対しては受け入れない

　保護者の過剰要求において問題になるのは、非常識なダブルスタンダードです。本ケースにおける、「特別扱いはしてほしくないが、特別な配慮はしてほしい」といった要求とは、あちらを立てればこちらが立たずという、いわゆる「二重基準（ダブルスタンダード）」であり、実現不可能であることを親に説明すべきです（親に納得してもらうことを最終目標にしてはいけません）。

　特に留意が必要なのは、抽象的で主観的な要求があったときの対応です。親が満足するかどうかに関係なく、子どもに対して具体的にどんな支援なら可能かという判断が重要です。「学習も運動も適切な支援があれば大丈夫」というのは親の期待であり希望ですが、明らかに主観的過ぎます。通常学級で学習する際、担任ができる具体的な支援とともに、期待できる効果についても合意形成が必要なのです。

　このような合意形成において、管理職がリーダーシップを発揮すべきです。担任や学年の教員任せでは解決しません。

②特別支援教育に関する専門的知識、スキルを持つこと

　発達の遅れが顕著な場合、通常学級ではなく特別支援学級在籍が妥当な場合もあります。通級指導教室を利用するという選択肢もあるでしょう。適切な就学指導を行うためには、発達に関する高度な知識や理解が不可欠です。また情報を共有し、時間をかけて保護者と「子どもに具体的にどのようなスキルをつけていくか」という点で合意形成するスキルも重要です。これからの管理職には、このような特別支援教育に関する専門性と保護者に理解を促すスキルが不可欠です。

③ニーズとウォンツを峻別する

　前述のケースについては、保護者の「ニーズ」（必要性）ではなく、「ウォンツ」（自分本位な欲求）であるといえます。特別支援教育とは、本来必要性の高いニーズに対して実施するものなのです。保護者が要望しているからといって、保護者の自分本位の欲求に振り回されてはいけません。

　「忙しいから面談は夜9時からにしてくれ」とか、「宿題は学校でやらせてくれ」といった類いも全て「ウォンツ」です。「ウォンツ」に応えることによって、学校の信頼度が高まると期待するのはあまりにも安直すぎるでしょう。彼らは自分の都合のよいように学校が動いてくれれば満足ですが、少しでも期待にそぐわなければ強烈に学校批判に反転することもあるからです。**管理職は経験値だけでなく、常識的かつ論理的にニーズとウォンツを整理するスキルが必要です。**

必要な対応、やるべきこと

　このケースについては、保護者に学校に来てもらい、実際に子どもが学習したり運動したりする様子を観てもらうことが重要です。自分の子どもの実態とともに、同年齢の子どもがどのように知識を蓄積し、それを活用しているのかを理解することで、自分の子どもが困っている点も

具体的に理解できます。

　本ケースでは、親がどんな手段を使ってでも我が子が同年齢の子ども
に追いついてほしいという、強迫的な考えに固執してしまっています。
このような強い思い込みは、すぐには修正不可能だと思います。しかし
学校側の支援もよく見てもらい、一緒に支援することで、親の役割や、
学校における支援の限界も認識してもらいます。学校に来てもらうこと
はとてもよい戦略です。その中で個別の支援には限界が多いことも気づ
いてもらえるでしょう。

　教員は安定して本来の職務を遂行する権利があります。保護者から度
を超えた要求や脅迫がある場合には、警察や弁護士らとの連携が必要な
こともあります。

9 本質的な問題解決を見失わない

ポイント

- 日々過激な要求を突きつけられ、相手が納得することだけを目指すようになってしまう

- 事実上到達点がない（ゴールが動かされる）

- クレームを訴えること自体が目的化してしまう

- 問題が生じたら、お互いに膝をつき合わせ、胸襟を開いて話し合う

- 教育的な解決を目指し、何をゴールにするかをいつも明確する

解決点や話し合いのゴールを設定しないことのリスク

　学校や教員が疲弊する保護者対応の典型的なケースは、①時間制限や回数制限を設定できないこと、②話し合いのゴールが設定できないこと、③被害者であることが特権化していること、です。

①時間制限や回数制限を設定できない

　教員が最も疲弊するのは、とりあえず誠意を見せるという安直な理由で、時間制限することなく対応してしまうことです。30分以上の話し合いは、たいてい同じ内容の繰り返しになります。教育関係者は、「全て言いたいことを言わせて、すっきりさせてからこちらの言い分を聞いてもらおう」という、**根拠のない心理主義で対応することが多いのですが、きわめてリスクの高い対応です。**

　常識を逸脱した保護者の主張を黙って学校側が受け止めることは、相手方にとっては「聞き入れてもらった」という理解になるのです。明確なNO以外は、全て保護者の言い分が通った、という認識になるでしょ

う。たった1回でもこのような対応をしてしまうと、教員の疲弊は蓄積し、取り返しのつかないことになります。

②話し合いのゴールが設定できない

　学校と保護者に意見の相違が生じたとき、通常は問題解決に向けてゴールを設定します。つまり、両者の主張に乖離がある場合は、歩み寄りながら合意点を探るのです。学校がただ受け身になり、相手の主張をひたすら受容的に聴き続ける対応をすると、場合によっては、保護者が学校を非難する行為そのものが目的化してしまうこともあります。どこを問題解決とするか、終着点をどこにするか、常に両者で擦り合わせる必要があります。

③被害者であることが特権化している

　「自分は被害者である」とか、「自分が納得するまで対応せよ」と主張する人は、「早く問題を解決したい」と言いながら、全く行動が伴っていないことがあります。ほんの些細なことでも「自分が傷つけられた」と主張して、学校側に対して有利な立場に立てるのであればそのほうが居心地がよいと考えているのです。実際に、ほんの少し納得できないことがあると、解決しかけた事態もひっくり返されます。これには、保護者側は被害者であることを終わらせたくない、学校側に要求することをやめたくない、という心理が働いています。**保護者が被害者であることを理由に、学校側に過剰な対応を求めている時は、被害者であることを特権化させないことを意識しなければなりません。**

ケース9　過剰な被害者意識が続き、過去の問題解決に納得しない

　中学校3年生のAさんは小学生の時にいじめられた経験があり、そのころには不登校で1年以上欠席していました。そのことは中学校に

も情報が引き継がれ、クラス替えでも配慮されていました。Ａさん本人も母親も深く傷ついて、ことあるごとにそのことを持ち出してきます。反復するうちに、過去にあったことよりも話が大きくなっていきます。次第に被害者意識が強くなってきて、「加害者の子ににらまれた」とか、「無視された」と親子で訴えるようになりました。過去の加害生徒に全くその意識はなく、驚いている様子です。Ａさんの保護者は「過去のいじめ事案が解決していないので、再度加害者本人と保護者が謝罪するべきだ」と学校側に対応を求めてきており、もう半年もやりとりが続いています。

「当事者が納得する≠事案の解決」ということを
認識していないリスク

　「被害者のケアを優先する」や「過去の被害経験に寄り添う」ことは当然です。一方でこのようなケースはきわめて難しい対応を迫られます。被害者としては過去の傷が大きいので、ほんの些細なことでもフラッシュバックのように被害体験が想起され、思考の中で再体験しているのです。またほんの些細な加害者の行動が、過去のいじめ行為と連動し、攻撃しているのではないかという猜疑心を誘発しているのでしょう。

　整理しないといけないのは次の２点です。１つ目は過去に解決した部分を常に整理し、現在の問題と一定程度切り離すことです。「にらまれ

た」とか「無視された」のが本当であれば、加害者を厳しく指導することは当然ですが、本ケースのように全く事実ではない場合、過去の延長線上に今回の事案があるわけでないことを、被害者側に明確にしておく必要があります。

　2つ目は学校の指導が、被害者から加害者への復讐にならないようにすることです。被害者が過剰に被害者意識を強く持っている場合、怒りや執念深さが相まって復讐心へと発展することがあります（第2章参照）。解決済みの問題でさえ何度も蒸し返し、再度謝罪を要求したり、「本当は反省していないのではないか」とか、「相手ももっと苦しむべきだ」等の発言につながったりします。

　学校としては難しい対応を迫られますが、「当事者が納得する≠事案の解決」であることを肝に銘じましょう。加害者とはいえ、永遠に十字架を背負わせることは教育的に正しくありません。

》》 管理職が心がけておくこと

　管理職は次の2点を心がけましょう。

①単純な因果関係で理解しない

　過去の被害経験は事実なので、この点においては被害者のケアは最優先すべきです。しかし、本ケースのように、何年も経過した後に、加害者の些細な行為や態度で被害者が傷ついているという主張はやや飛躍があり、単純な因果関係で理解すると、極端に被害者側寄りの対応になってしまいます。

　事実でない（このケースでは無視したりにらんだりしていない）ことに対して指導したり、過剰な聞き取りをしたりすると、加害生徒や加害保護者から不信感を抱かれることになります。クラス替えや学校行事で、ある程度配慮することは可能ですが、それ以上の対応は不可能です。もし、被害者側もしくは加害者側から「学校で会わないように距離をとっ

てほしい」という要望があったとしても、事実上不可能であることを明確に示すべきです。

②過去の話が事実よりも大きくなっているときには留意が必要

　本ケースでも被害者側が時間の経過と共に、過去の事実よりも肥大化していじめ被害を捉えていました。第2章で説明したように、被害者意識の強い人の特性として、何度も被害経験を繰り返し話すうちに、事実よりも肥大化したり、事実でないことまで事実化したりします。

　被害経験を共感的に寄り添いつつ傾聴することは、基本的には正しい対応です。一方で、聴けば聴くほど事実でないことが事実化していくとすれば、結果的に双方にとってよい解決につながりません。

　過去の話になったときは、適切なタイミングで、「今回は今回の事案だけのお話にしましょう」とか、「過去の問題と切り離して、今回の問題解決について話し合いましょう」という姿勢を示すことが重要です。

必要な対応、やるべきこと

　先に述べたように、不安や不満が強く、何度も何度も被害を訴えてくる保護者の場合、問題解決が目的ではなく、被害者である状態を常にキープし続け、学校に対して優位に立ちたいという目的が隠れていることがあります。過去と現在の問題を、明確に整理して、教員が学校で対応できる時間や回数、教育的にできること、できないことを、しっかりと伝えることが必要です。

　また、被害者意識の強い保護者や子どもの場合に、事実でないことも事実であるかのように教員に何度も訴えることもあります。冷静に対応し、訴えのたびに言うことが変わる（大げさになっていく）ようであれば注意が必要です。また、それに振り回されて他の子どもや保護者を巻き込まないよう、慎重な対応も求められます。

10 謝罪することで早期の解決を目指してはいけない

- 教育場面では何らかの形で被害者に対して加害者を謝らせて、問題解決を急ぐ傾向にある

- 一方的に謝罪させる対応は禍根を残す可能性が高い

- 謝らせることが重要なのではなく、その行為自体を反省しているかが究極的に肝要

- 相手（被害者）の話を聴いて、加害者が十分に反省しているのなら、謝らせる必要性さえない

- ここまで持って行けると、「解決済みです」と胸を張って言うことができる

被害児童および加害児童の両方の保護者から
板挟みにされるリスク

　教育現場、特に小学校低学年では、何かトラブルがあるとまずは謝らせるという指導が見受けられます。手や足が出たり、物を壊したりという加害行為はとてもわかりやすいため、多くの教員はトラブルの経緯をよく確認せずに、「まずは謝りなさい」と指導し早期決着させようとします。複雑な事情があったとしても「被害者 VS 加害者」という単純な構図で問題解決を急ぐと、両者とも納得しない、という展開になりかねません。対応の難しい保護者の場合、「子どもが納得していないのは先生の指導が悪いからだ」という認識がしばしば発生するのです。

　被害児童の保護者にとっては、自分の子どもがこれだけひどいことを

されているのに、学校側は深刻に捉えていないと不満を感じ、加害児童の保護者にとっては、一方的に加害者に仕立てられたと逆に被害者意識を持ってしまうことがあります。謝罪を優先して友人関係の修復や今後の良好な関係づくりをするという視点を失ってしまってはなりません。

ケース10　子どものトラブルの責任を相手の子に全面に負わせようとする

　小学校3年生の男児A君と女児Bさんは近所同士で普段仲良しですが、保護者同士の折り合いはよくありません。ある朝登校中に些細なことでケンカになり、A君はBさんに手を出してしまいました。本人からの訴えがあり、担任は経緯を把握した上で、A君に謝罪するよう指導しました。A君は「先にBさんが悪口を言ってきた」と強く主張して、謝罪することに納得していなかったようでした。

夕方、A君の保護者から烈火のごとく怒った声で担任の指導に対するクレームがありました。「悪いのはBさんで、Aは一切手を出していない」と言うのです。一方でBさんの保護者からも「A君は何も反省していない。このままでは登校させるわけにはいかない」と怒り心頭です。

　どちらも「うちの子が嘘をついているのか!?」と学校に対しても怒りを露わにしており、歩み寄ることを拒否しています。

合意形成よりも、謝罪を優先させてしまうリスク

　教室には子どもたちが30名ぐらい在籍し、毎日いろいろな活動をし

ているのですから、様々なトラブルが生じます。学校とはそういうところです。むしろ子どもたちは様々な対人トラブルを経験し、先生や友達をモデルにして、問題解決のスキルを蓄積していくのです。学級経営の上手な教員は、常に理想的な問題解決のモデルになっていることが多く、円滑な学級経営が成立しているのは、モデルになる子どもが学級内で多く存在しているということなのです。

　対人面における理想的な問題解決のモデルとは何でしょうか。トラブルがあった際に、安易に加害者・被害者という決めつけをせず、トラブルに至った経緯を確認することが重要です。子ども同士の対人トラブルでどちらかが100％被害者ということはありません。双方向的なやりとりの中で、どちらも未熟な点や自分勝手な行動があったはずです。そのことにお互いが尊重しあいながら気づいていけるのが理想的です。

　このような話し合いを継続していくと、自分の未熟な点を反省しつつ、その反省を相手に理解しもらうことが優先できるようになります。その上で必要であれば謝罪するのです。単純な問題は1つもなく、全て双方向的なやりとりの中でのトラブルなので、双方向的に自分の非を認め、反省を伝えることが重要です。それは安直な謝罪よりも重みがあります。

　その逆の対応が、本ケースのような謝罪を優先させる解決法です。学校では「まずは謝りなさい」とか「謝ったらそれでおしまい」という傾向が強いと思います。特に暴力や暴言が発生した場合は加害者がはっきりしているので、そこに至った経緯を確認せず、「まずは自分の行為について謝りなさい」というやや早計な指導が行われています。

　許されない行為に対して被害者に謝罪する、というのは一理ありますが、双方向的なやりとりの中で発生した暴力や暴言に対して、途中経過を全く無視して謝罪を優先させるのは、学校教育にそぐわないと思います。なぜなら加害者を一方的に悪として扱うことで、禍根を残すことがあるのです。特に対応の難しい保護者においては、本ケースのように致

命的なこじれにつながります。

》》 管理職が心がけておくこと

①生徒指導におけるリーダーシップを示す

　全国的に年齢の若い教員、経験の浅い教員が増加しています。そのような教員が一番苦労するのは、学級経営の中核となる生徒指導でしょう。特に対応の難しい子どもや保護者に対応するスキルは一朝一夕に身につくものではありません。本ケースでは、保護者の特性上、事前に想定可能であったと思います。しかしながら、担任任せにしたことより深刻なまでにこじれてしまった場合は、管理職の責任が大きいといえます。

　前述のように、対人関係でのトラブルは一方的にどちらかが悪いというものではなく、トラブルに至った文脈に沿って問題解決に導いていかなくてはなりません。また指導の順序も重要です。やるべきことの順序については次頁の「必要な対応、やるべきこと」で述べます。

②親自身が解決できないことに腹を立てているとき

　親同士の葛藤を学校に持ち込んで、何とか学校に解決させようという主張を、学校は決して受け入れるべきではありません。このケースでは学校の対応に対して怒りを露わにしているように見えますが、実は嫌いな相手と話し合ったり問題解決したりするのが面倒で、思い通りにいかないことに苛立っているのです。

　いわば親自身の問題解決能力の未熟さが根底にあるのです。その場合、親自身が主体となって自ら問題解決にあたってもらわなければなりません。学校はそういった親の問題解決のスキルを高めていくような取り組みを目指すべきなのです。学校の非を認めるべき所は認めつつ、両者が膝を詰めて話し合う場面を設定することを強く推奨します。

③「うちの子が嘘をついているというのか!?」という発言に対して

　つい「そうではありません」と答えてしまいそうですね。しかしイエ

ス・ノーで反応してしまうと、「じゃあ、相手が嘘を言っているんだな！」となってしまいます。このような極端で飛躍した主張をする相手には、以下のように答えるとよいでしょう。

「AさんとBさんの間で、同じことが目の前で起こったとしても、Aさんの捉え方と、Bさんの捉え方が全く異なるということは、世の中ではしょっちゅう起こります。どちらかの捉え方が間違っているとか、嘘をついているという問題ではありません。受け取り方が違うだけです。今回もそれ以上でもそれ以下でもありません」。このように対応すると、たいていはうまくいきます。

必要な対応、やるべきこと

　トラブルに至った文脈に沿って次の順序で段取りを踏んで対応をしていきます。
①両者から大まかに話を聴く➡②被害者の話から事実確認をする➡③加害者から聞き取りをして、事実確認とともに行為を反省させる➡④さらに両者と担任が話し合いをして、今後どのように交友関係を修復し発展させていくかを考えさせる➡⑤必要があれば加害者は被害者に、その行為に対して謝罪をさせる➡⑥管理職に報告（必要であればその前に相談をして対応を確認）➡⑦被害者の保護者に報告➡⑧加害者の保護者に報告➡⑨最終的に管理職に報告
　このような対応をはじめからうまくできる教員はいません。管理職がモデルになり、必要であれば手取り足取り教示することが重要です。それは経験の浅い教員を育てることにもつながり、スキルを蓄積することで自信にもつながります。また一人ひとりの教員に校長自ら生徒指導の核心を伝えることで、学校の方向性を共有することになります。

第2節 学校側の対応の枠組み

外部機関と連携する

学校トラブルが発生したとき、問題解決を学校側が主体的に進めるべきか、警察や弁護士、福祉や行政と連携すべきなのかという初期判断と初動態勢は、決定的に重要です。第1節で10ケースを例示しましたが、実際に連携が必要な事例はあります。

ケース2のような教員を罵倒する等、言葉による暴力は違法行為です。早期に警察に相談すべきですし、必要があれば被害届の作成も視野に入れます。

ケース6では多数回、長時間拘束されることが問題です。「威力業務妨害」のおそれがありますから、スクールロイヤーや警察と連携すべきです。しかし、状況が悪化してから相談しても効果は薄いことが多いでしょう。初期判断と初動態勢がきわめて重要です。

ケース8では子どもの発達の問題が絡んできますから、教育委員会の特別支援教育課の指導主事や、心理士、スクールカウンセラーの協力が不可欠です。学級内での暴力については、警察の他、少年鑑別所の専門家にも相談できます。少年鑑別所には法務少年支援センターを設置するよう法律で規定されていて、少年の問題行動の専門家に相談することができます。

不登校でも、教育委員会が設置している教育支援センター（適応指導教室）の専門の先生に相談することができます。これだけ不登校児童生徒が増加している現状では、学校だけでの対応は限界があります。子どもが行きたがっているのに親が学校に行かせないケースでは、児童相談

所への連絡および相談が不可欠です。この場合、行政や福祉との連携が重要です。

　このように、様々なケースで学校側だけで教育的対応をすべきではないことがわかります。これまでは「学校側が全てを丸抱えして、全力で誠心誠意を尽くすことこそ教育のあるべき姿である」という旧態依然とした意識が存在していたと思います。そのことが保護者の過剰要求や常軌を逸した言動を悪化させていた可能性があります。

　もう一度「学校側の対応の枠組み」を整理しましょう。学校とは「様々な特性のある子ども達に対して、一定の枠組みと規律の中で、一定程度の学習や生活のスキルを育む場所」です。第一義的な子どもの養育責任者は保護者です。トラブルが発生したときに、解決困難が予想される場合は、躊躇なく司法（警察）、福祉、心理、医療、行政等の専門家や関係者の協力や助言を仰ぐべきなのです。

留意したいこと

　連携が必要とはいえ、外部機関に全て丸投げすることはよくないでしょう。親による犯罪行為など、よほどのことがない限り、学校側が問題解決の主導権を握りつつ、外部機関の協力を得る形態が望ましいと思います。

第4章

事例でわかる
根拠に基づく
保護者把握と対応ポイント

3つの事例を通して、保護者の特性をつかむ方法、対応が失敗したポイント、目指すべき対応法を詳しく解説します。各事例ごとに、スクールロイヤー（弁護士）からのアドバイスもあります。

いじめの訴えを繰り返す事例

いじめの訴えから、関係性がこじれたケース

　中学校2年生の女子生徒Aさんはバスケットボール部で毎日快活に頑張っていました。しかし気が弱いところがあり、誰かに嫌われないかとビクビクしながら友達と付き合っている面があります。そういった特性が災いして、仲のよい友達や先輩からよくからかわれるようになりました。具体的には、身体の特徴を指摘されたり（鼻が長い、やせっぽちなど）、部活動中のミスを必要以上に指摘されたり等です。

　Aさんは親や先生に相談せず、自分一人で我慢していました。しかし、次第にからかいが悪質化していきました。同じクラスであり部活も同じBさんは、鞄に入ったAさんの教科書を勝手に使用し、落書きまでしたのです。部活やクラスでBさんによく助けてもらっていたAさんは悩み抜いて、先生に相談しました。一方で両親との関係がよくなかったAさんは両親にはこの件を黙っていてほしいと先生に頼んだのです。

　普段から仲のよかった二人なので、先生も驚きましたが、二人を呼んで両者からよく話を聴きました。Bさんはほんの軽いからかいのつもりでいじっていたのが、いつの間にかエスカレートしてしまったこと、Aさんにつらい思いをさせてしまって本当に申し訳ないことを、涙ながらに話し、謝罪しました。心からの反省と謝罪もあり、円満に解決しました。

　Aさんは納得しましたが、今後Bさんとどうやって付き合っていけばよいか、悩み続けていました。何かとお節介なBさんとは元々気が合わないと思っていたのです。この頃、両親との関係に悩んでいたA

さんは元気がなくなり、自傷行為すら起こしている状況でした。むしろ両親の過干渉の方が重要な問題だと学校側は考えていたのです。

Aさんは一貫して両親に伝えてほしくないと強く要望していましたが、学校としては伝えないわけにはいかないとして、少し時間をおいて、時系列に従って両親に説明し、問題解決したことも伝えました。

すると、Aさんの両親は激怒しました。1つはBさんとその保護者に対してです。「これは深刻ないじめであり、土下座ぐらいではすまない。裁判で決着させなければならない」と主張しました。さらには、「これを放置し、親にすぐに報告しなかった学校の隠蔽体質が問題である」として、校長や担任にも土下座による謝罪を求めてきました。

このような状況にいたってAさんの自傷行為はさらに激化し、入院治療さえ必要な状況でした。学校は「Aさんは以前から自傷行為があった」ことをAさん本人に忖度して両親に伝えることができませんでした。しかし、やはり伝える必要があると判断してそのことを両親に話すと、「なぜそんな重大なことを伝えなかったのか!?」とかえって怒りが爆発してしまいました。Aさんの両親はこれまでの自傷行為を初めて知らされることとなり、いじめ事案以前のことも全て含めて、Bさんと学校側の責任を問うてきたのです。この後、学校側は責任を感じて要求通り毎日家庭訪問を繰り返し、学習補償を継続していきました。

Aさんの両親の、あらゆる責任はBさんとその保護者、学校側にあるとの主張は揺らぎません。Bさんと保護者が丁寧に謝っても、1日経過すると「あれは誠意がなかった」とか「本当の謝罪になっていない」と再度の謝罪要求に発展します。学校はBさんの保護者に再度お願いして頭を下げてもらっていましたが、さすがにBさんの保護者もうんざりしている様子です。

事態はこじれにこじれ、担任は病気休暇に入りました。

1 保護者の特性をつかむ 第2章を踏まえて

1 パーソナリティ特性の評価

［Aクラスター：被害者意識・猜疑心が強く、執念深い保護者の例］

　第2章の表2-1（38頁）に示したとおり、Aクラスターのパーソナリティ特性は、奇妙で風変わりな点です。特に妄想性（猜疑性）パーソナリティ特性は、他者への疑念や不信が極度に強く、ほんの些細な相手の言動にも、猜疑心を抱きます。相手が否定すればするほど猜疑心を強める結果となり、敵対心が増幅します。執念深さは対人関係のありとあらゆる面で示され、一度仲違いした相手と仲直りすることはほとんどありません。

2 被害者意識の傾向と行動特性

　Bさん保護者の被害者意識は相当深刻だと思いますが、第2章で解説した4要素の中でも次の2要素において顕著な特性を有しています。

［特性①］他人の痛みや苦しみに対する共感が欠けている

　いくつかのエピソードで検証しましょう。「これは深刻ないじめであり、土下座ぐらいではすまない。裁判で決着させなければならない」、「校長や担任にも土下座による謝罪を求めた」、「Bさんと保護者が丁寧に謝っても、1日経過すると『あれは誠意がなかった』とか『本当の謝罪になっていない』と再度の謝罪要求に発展した」。

　これらの主張は常識をはるかに越えており、いずれの全ての要求も過剰かつ不当といえます。自分が被害者であるということしか頭になく、自分の要求で他人が苦しんでいるという視点が全くありません。また自分の子どもの被害経験を盾にとり、「自分は攻撃的、自己中心的に振る

舞ってよい」とか、「相手が苦しんでも当然」とさえ考えているのです。

　このような被害者意識を有している親に共感的に対応すればするほど、「自分の要求は間違っていない」という確信を与えることになるでしょう。**留意すべきは、彼らの被害経験の訴えは全て正確でも本当でもないことです。**しかし、共感性の豊かな先生や学校は、彼らの苦しみを軽減してあげようとしてより深い沼にはまっていくことがあるのです。

［特性②］過去の被害経験をしばしば反すうする

　過去の被害経験を反すうするＡさんの保護者は、問題解決ではなく、自らがどんなに不当な目に遭ったか、つらい思いをしているかどうかだけに焦点化しようとします。本来、子どもの養育の第一責任者は親であり、全ての問題解決を学校や相手の親に押しつけるのは不合理極まりない行動なのです。しかし**被害経験の反すう作業**を許すことによって、「相手を許すこと」のモチベーションはどんどん低下していきます。そして、残念なことに「復讐」を企てることになります。その対象になったのが、Ｂさんやその保護者、学校なのです。

　一旦復讐心が暴走すると、彼らの大半は自分の行動は正しいという正当性を担保するために、ありとあらゆる人（保護者）や相談機関に駆けつけて、「被害経験を反すう」します。つまり、人に相談すること自体が**「被害経験の反すう作業」**なのです。学校側が被害経験の反すう作業に反復して付き合うことは多いでしょう。残念ながら、こうやって彼らの「復讐心」の導火線に火をつけてしまうのです。

　このように、モンスターペアレントの理解を超える言動は、科学的に研究された「被害者意識」という視点で分析し、言語化すると、すっきり理解できます。そうすることで、科学的な視点をもって次のように対応できるのです。

対応のポイント 第3章を踏まえて

1 どこが間違っていたか

　この事例では、学校はたくさんのミスを犯しました。単純なミスではなく、第3章で解説した、絶対にしてはいけない対応をしてしまったのです。以下4点に焦点化して解説します。

[対処法③➡67頁] 解決済みの問題を蒸し返させてしまった

　Bさんによるいじめ行為は確かに存在しましたが、彼女は真摯に反省し謝罪しました。学校側も二度とこのような行為を許さないという毅然とした態度で対応しましたし、しばらく様子を見ていく中で、安定した友人関係が再構築されていることも確認していたのです。考えてみればこのような対人トラブルは珍しくなく、むしろ学校はこのような葛藤を通して対人スキルを磨いていく場所なのです。

　学校側の対応に過失もありません。謝罪や、まして土下座など要求される筋合いは全くないのです。解決済みの問題を蒸し返して、Bさんに再度反省を求めたり、Bさんの保護者に何度も謝罪させたりするような対応は明らかに教育的に正しくありません。単にAさんの保護者の怒りを鎮めるためだけの対応に形骸化しています。

　「学校側はいじめ対応について適切に対応しました。Bさんも十分に反省しており、その後の行動に全く問題ありません。Bさんの保護者も謝罪を済ませ十分に責任を果たしたことから、この問題は解決済みと考えております」と回答すべきだったのです。

　しかし、Aさんの保護者は納得がいかないとして、何度も**被害経験の反すう作業**を行い、学校側に対応を強要してくるでしょう。教育委員会へ訴えに行ったり、地元の議員さんに苦情を申し立てたり、メディアを

利用することもあるでしょう。たいていの場合はこのような圧力に屈して、親の過剰要求のみの対応に終始してしまいます。解決済みの問題を蒸し返すことは、本ケースのように全ての関係者を傷つけます。

[対処法④➡71頁] 感情的決めつけに振り回されてしまった

　被害者であるＡさんの保護者の心情は理解できますが、Ｂさんやその保護者に対する憎しみの度合いは常軌を逸しています。教育的に問題解決しようとする認識はほぼなく、自分の娘がいじめられたことに対する怨念と復讐心が渦巻いています。Ｂさんらはとんでもない悪であり、徹底的にやっつけなければならないという強迫的観念に囚われています。これは認知の歪みの中でも最も深刻な**「感情的決めつけ」**といってよいでしょう。途中からは自分の娘であるＡさんがどうしてほしいかとか、どのような気持ちでいるかを無視してしまい、自分が納得いくかどうかをゴールに設定しています。

　第2章でダークトライアドについて解説しました（46頁以降参照）。今回の事例のような親は、手段を選ばず、自分の目的を達成するために、ありとあらゆる手段を利用しようとします（マキャベリズム）。人格を傷つけるような言動（土下座要求）や担任を病気休暇まで追い込むよう

な執念深さを示します（サイコパシー）。他人に対する共感性に乏しく、自分の要求実現だけに関心が向き、自分の娘のことさえも十分に考えられません（ナルシシズム）。

「今回の件については子ども同士で解決済みです。Ｂさんも保護者も十分に謝罪したではありませんか。これ以上の謝罪要求は断固として認められません。もちろん学校側の対応に問題はありませんので、どうぞお引き取りください」と、毅然とした態度ではじめから対応できていれば、ここまでこじれることはなかったでしょう。

一方で、自傷行為のような危険行為を繰り返すことについて、保護者に事実を伝えていなかったことは大失態です。子どもとの信頼関係を崩壊させることを恐れたのかもしれませんが、このような教育的に正しくない対応は、いつか破綻し、自分達の首を絞めます。

［対処法⑦➡89頁］ 一方に都合のよいことでも他方の不利益になることをしてしまった

Ａさんは親との関係に悩んでいて、Ｂさんとのトラブルを自分の親には黙っていてほしいと先生に頼みました。先生はＢさんの保護者には全てを話し、反省を求めたのに対し、Ａさんの願いを聞き入れて、結果的にＡさんの保護者とは修復不可能なほどこじれてしまいました。

このような対応をした担任や管理職は未熟としかいいようがありません。Ａさんの保護者が後で知って激高したのは当然です。Ａさんの親に知らせることで、一時的に親との関係が悪くなるかもしれませんが、それでよいのです。長期的な養育責任を有しているのは保護者なのです。むしろ自傷行為のような危険行為を繰り返しているケースなら、早急に保護者と情報共有するのが正しい教育的対応です。

Ａさんとのもろい信頼関係を優先した結果、最終的には担任は休職にまで追い込まれました。Ａさんの保護者の過剰要求は確かに問題ですが、

そのことに先行した学校側の対応のまずさは教訓とすべきです。

[対処法⑨➡101頁] **本質的問題解決を見失ってしまった**

　Ａさんの保護者が望む問題解決とは何なのでしょうか？　残念ながら本人も理解できていないでしょう。自分に煮え湯を飲ませた相手を徹底的に叩きのめし、犯罪者のように扱うことかもしれません。**そのためにはＡさんの保護者は被害者であり続ける必要があり、永遠に反省と謝罪を要求することになるのです。学校やＢさんらは、Ａさんの保護者の個人的復讐に振り回されているといえます。**

2 学校が目指すべき解決方法

　このケースで、学校が目指す本質的かつ教育的な解決方法とは何でしょう？

①ＡさんとＢさんは個人的葛藤を抱えつつも日常生活で支障が出ないよう、交友関係を継続していく

②いじめの事案と切り分けて、自傷行為があった時点で保護者と連携をとり、専門機関および医療機関との連携を図る

③自傷行為が悪化した時点で速やかにＡさんの精神衛生を第一優先に考え、本人と学校関係者と保護者で話し合いを持つ

④子どもと親の関係性の安定化は専門家に全面的協力を依頼する。場合によっては入院も必要であることを忖度なく伝える。安心して学校に来られるための方策を２つか３つ提案する。

⑤この期におよんでは、管理職が全ての情報を一元管理しつつ対応し、担任任せにしない

　早期対応かつ初動態勢を万全にして、①から⑤の対応をしていれば、Ａさんの状態はここまで悪化しなかったでしょうし、Ｂさんと保護者も

こんなに苦しむことはなかったでしょう。そして何より、担任が休職しなければならいような事態は避けられたはずです。

スクールロイヤーからの アドバイス

　本件ではＡに継続的な自傷行為が認められるため、「いじめにより……児童等の……心身……に重大な被害が生じた疑いがある」として、重大事態として取り扱うかが検討されます。

　Ａが保護者に黙っていてほしいとの意向を示している場合、学校は悩ましい判断を迫られます。自傷行為の原因がＡの家庭環境に由来する可能性もあるため、まずは「保護者に伝えたくない理由」等について、Ａから十分に話を聞くことが重要です。

　個人情報保護法は、「人の生命、身体……の保護のために必要がある場合で……、本人の同意を得ることが困難であるとき」は、個人情報の第三者提供を許容しているため（同法２７条１項２号）、Ａの同意がなくても自傷行為の事実を保護者に伝えることは適法といえます。Ａの保護者の心情も理解できますが、学校は保護者に伝えなかった理由を整理して、保護者に丁寧に説明する必要がありそうです。

　対応困難な事案は、学校のみで抱え込まずに、子どもの利益を最優先に考え、カウンセラーやソーシャルワーカー等の専門職に助言を求めることも必要です。自傷行為が継続的に行われているという点では、早期に医療機関の受診を勧め、小児専門医による医療的サポートも必要であったと考えます。

　いじめが「解消」されているとの判断は、①いじめに係る行為が止んでいる状態が相当の期間（３か月が目安）継続しており、

②この期間において、被害児童等が心身の苦痛を感じていないことを確認する必要があります。

　学校は、Bの反省と謝罪により解決したと判断していますが、「激化した自傷行為はBのいじめが原因である」とＡの保護者が主張することも考えられます。学校は、判断内容について十分検証し、Ａの保護者に説明できるようにする必要があります。自傷行為が学校内の対人関係を理由とするものではなく、保護者の過干渉が原因と判断した場合は、判断に至る経緯等について、詳細に記録しておくことが大切です。

第**2**節 子どもの学力保証について
過剰対応を迫る事例

事例2 | 中学受験に向け、特別扱いを含む過剰要求をする
保護者のケース

　小学校6年生の男児A君は勉強熱心な親に育てられ、両親の期待を
一身に集めています。今年の中学受験に向け睡眠時間を削って頑張っ
ていますが、親の期待が大きすぎるのか、最近は休みがちで元気がな
い様子です。

　両親は、我が子が他の子よりも優れた成績を収めることを強く望ん
でいました。彼らは家庭でも厳格な勉強環境を作り、子どもに対して
は毎晩のように長時間の勉強を強いました。彼らは自分の子どもを将
来のエリートとして育てることにこだわっていました。

　しかし、問題は両親が学校に対して抱く過剰な期待でした。彼らは
常に担任との面談を求め、子どもの学習の進捗状況や学校のカリキュ
ラムに関して細かい報告や修正を要求しました。場合によっては連日、
1時間以上に及ぶこともありました。さらに、担任が彼らの要求に応
えられない場合は、校長や教育委員会にクレームをつけることもあり
ました。

　彼らの要求は勉学だけに留まらず、芸術・スポーツ分野に及びました。
音楽会では伴奏する子どもを選ぶために、ピアノ演奏を希望する子ど
もたちに課題曲を練習させて、オーディションを開催します。厳正な
審査と教育的な配慮（毎年同じ子どもではなく、多くの子どもが経験
できるようにする）によってその年のピアノ伴奏者を選出するのです。

　しかし、我が子が選ばれなかったことに憤慨した両親は、選考に関

124

する全ての資料の提出を求め、なぜうちの子が選ばれなかったのかを合理的・客観的に説明できなければ、徹底的に学校の責任を問うと、担任および校長に対して怒鳴りつけたのです。

　円満解決が何より重要と考えた校長は、A君をピアノ伴奏者にするよう担任に伝えましたが、それでは今後A君の保護者の要求は全て通ってしまうし、選考された他の子どもが被害を受けてしまうとして、校長の要求を拒否し、代替案を出しました。結局、本来選考された子どもとA君が両方で伴奏することになったのです。

　なぜ我が子だけで伴奏できなかったのかと、担任に対して再度クレームがありましたが、管理職は担任に対応するよう指示しました。担任は事情を説明し、理解を求め、両親は渋々受け入れました。このような担任任せの管理職の対応に、教職員全体が不信感を抱き、指示に応じなかったり、職員会議が成立しなかったりと、指揮命令系統は崩壊寸前でした。

　ある日、6年生の学習発表会があり、子どもたちが自分の学んだことを発表する機会が与えられました。子どもたちは様々なテーマでプレゼンテーションを行い、自信を持って発表しました。しかし、A君はひどく緊張し、ほとんどまともにプレゼンテーションすることができませんでした。内容は全く問題なく、素晴らしいクオリティだったのですが、A君はしどろもどろになってしまい、最後まで発表できなかったのです。

　自分の子どもの失態に失望した両親は、全ての原因は学校にあり、担任の指導力不足によって多大な心痛を負わされたとして、校長や担任を怒鳴りつけました。円満解決を図りたい校長は、担任の指導力不足を認めてしまい、再度、学習発表会を開催することを約束してしまいました。度重なる過剰要求と、あまりに理不尽な対応に心神耗弱状態になった担任の先生は、辞職を決意しました。

1 保護者の特性をつかむ 第2章を踏まえて

1 パーソナリティ特性の評価

[Bクラスター：他者の立場や権利を軽視する傾向があり、自分の欲求を満たすために、人を振り回す保護者の例]

第2章の**表2-1**（38頁）で示したとおり、Bクラスターのパーソナリティ特性は、極端に自分勝手で、自分自身に対する誇大性（自分は他の誰よりも優れている）と、他者に対する尊大な態度で特徴づけられます。自分自身や自分の子どもを特別な存在であると信じており、特別な待遇を受けることを当然であると捉えています。もし、自分の思い通りの結果にならなければ、それは全て他者（学校や担任、その他の子ども）に原因があると考えているので、思い通りの結果になるまで徹底的に相手を追及します。そのことで誰かが苦しんでいたとしても、共感性に乏しいので、葛藤を示すことがありません。

2 感情爆発のしやすさと、被害者意識の傾向とパーソナリティ特性

本ケースの両親のパーソナリティ特性を評価していきましょう。些細なきっかけで、大きな感情爆発を起こして、周囲を騒然とさせる人がいますが、この親は典型例といえます。過保護が行き過ぎると、子どもを自分の所有物と見なして、自分と子どものパーソナリティ（人格）の境界線が曖昧になることがあります。その点も典型例といえるでしょう。以下に簡単に解説しますが、パーソナリティ特性の評価としては、Bクラスターの自己愛性パーソナリティ症および反社会性パーソナリティ症の基準が参考になります。

［特性①］ 感情爆発のしやすさ

　学校では、子どものかんしゃくは頻繁に経験します。そういった子どもは些細なことで感情爆発します（掃除をしなさいとか、片付けをしなさい、という指示だけで泣き叫んだり汚い言葉で反抗したりするなど）。こういった特性は子どもだけでなく、大人でもよくあるのです。特に過激な行動を示すモンスターペアレントは、この傾向が強いでしょう。

　一旦感情爆発すると、しばらく興奮して冷静に話し合うことができません。医療現場や司法領域ではこのような人は珍しくないので、対応する側も一定程度のスキルがあるのですが、学校の教員は専門的な知識もスキルもありません。過激な行動を伴うモンスターペアレントの対応が苦手なのは当然なのです。しかしながら、怒り感情の爆発の程度からすると、そのきっかけがあまりにも不釣り合いで些細なことである場合、対応はきわめて難しいことは知っておくべきでしょう。少なくとも、本事例の校長のような、共感的・受容的対応はかえって混乱を招きます。

［特性②］ 子どもを自分の所有物のように扱い、別人格として認知していない

　第2章でも説明したとおり、自分と子どものパーソナリティの境界線が曖昧な場合、自分が苦しいのか、子どもが苦しいのか、整理できなくなってきます。同様に子どもの願いなのか、親の願いなのかも判然としません。

　過剰要求の多くは、子どもが望んでいないのにもかかわらず、親が勝手に要望していることを、子どもが望んでいるとして、対応を強要します。学校側は「子どもの願いである」と主張されると断ることができずに、常識的におかしな要求であることに気づいていても、受け入れてしまうのです。

　双方向的なトラブルであったとしても、自分の子どもを守るために、

担任の対応のまずさを批判したり、関与した他の子どもに厳しい処罰を求めたりといった行動は、常識的におかしいといえます。他者の人権や存在意義を無視してしまっているからです。**同様に、彼らが子どもを自分の所有物のように扱っている場合、自分の子どもの個性や人格を無視しているのです。つまり、子ども自身の存在価値を否定していることに他なりません。結果的に、子どもの内面的な成長や幸福を阻害してしまっているのです。これが最も重大な問題であるといえます。**

［特性③］ **自分は優れていて特別扱いされて当然だという自尊心の大きさが、過剰要求を生み出している**

自己愛性（ナルシシズム）パーソナリティ症の特性

（DSM-5 を参考にした特徴の一部。第 2 章 46 頁以降も参照）

誇大性、賞賛の要求、および共感の欠如の持続的なパターン

いくつかのエピソードで明らかになります。

- **自分の重要性および才能についての誇大な、根拠のない感覚（誇大性）**
- **特権意識**
- **目標を達成するために他者を利用する**

- 共感の欠如
- 傲慢、横柄

　いくつかのエピソードで検証しましょう。「担任が彼らの要求に応えない場合は、校長や教育委員会にクレームをつけることもあった」「担任および校長に対して怒鳴りつけた」というエピソードは、彼らの「**傲慢さや横柄さ**」をよく表していますし、「**自分や自分の子どもの才能や存在に対する、根拠のない誇大な感覚**」がよく当てはまります。本事例では親と子どもの人格の境界線が曖昧なため、自分の子どもを特別扱いしてほしいという過剰要求が連発されているのです。

　自分の子どもをピアノの伴奏者にさせようとするためにとった異常行動も「**目標を達成するために他者を利用する**」という項目に該当します。対応に苦慮する担任を慮ることはなく、恫喝する姿勢は「**共感の欠如**」という表現がぴったりです。

[特性④] 他者の権利を軽視する広汎性のパターンを特徴とし、過剰要求を繰り返しても良心の呵責を感じない

反社会性パーソナリティ症の特性

（DSM-5 を参考にした特徴の一部）
他者の権利に対する持続的な軽視に基づく過剰要求
以下のいくつかのエピソードで明らかになります。

- **違法行為であっても自分の行動を正当化し、相手を利用したり操作したりする**
- **良心の呵責を感じない**
- **逮捕の対象となる行為を反復的に行うことにより示される法律の**

• 他者を攻撃したりすることにより示される易怒性または攻撃性

いくつかのエピソードで検証しましょう。

連日1時間以上も面談を要求することは、明らかな違法行為です。教員としての本来の業務が妨げられるので、「威力業務妨害」の要件を満たす可能性があります。しかしながら、そのような指摘をすると、余計に怒りが爆発する可能性があるので、学校としては穏便な対応をせざるを得ない状況に追い込まれています。

この両親は自分の思い通りの結果にならないと、学校や担任を罵倒し、威嚇しました。まさに「**他者を攻撃したりすることにより示される易怒性または攻撃性**」が顕著であることがわかります。「易怒姓」とは単に怒りっぽいということでなく、「通常はこの程度のことでは怒らないことでも激しく怒る」特性を指します。このような特性を有する親と頻繁に対応していると、感覚が麻痺してきて、対応に全く問題がなくても対応する側が悪いことをしてしまったかのように感じることがあります。

この両親は担任が一つひとつの対応で誠意を尽くしても全く評価せず、つらい表情を示しても同情することはありませんでした。教員を辞職することになっても、何ら関心を示すことなく、「対応が悪かったのだから辞めて当然」という姿勢でした。これらのエピソードは「**良心の呵責を感じない**」という項目に符合します。

第2章で「ダークトライアド」（46頁以降参照）の特性を説明しましたが、この事例は典型例といえます。目的達成のためには手段を選ばず（マキャベリズム）、他人の人格を軽視し、違法行為を反復し（サイコパシー）、傲慢で自尊心が高く、繰り返し特別扱いを要求する（ナルシシズム）、究極のモンスターペアレントです。

これまで解説した「被害者意識」や「認知の歪み」における心理学の知見や、「独特のパーソナリティ」等の医学的所見、そして違法行為における法律の知識がなければ、到底太刀打ちできないでしょう。ほとんどの学校は、身を守る盾ももたずに最前線に立たされているといえます。

逆説的には、これらの教育研修には、本書のような科学的知見に基づいた保護者対応の研修が不可欠であると思われます。特に管理職には必要不可欠な知識・スキルです。

2 対応のポイント 第3章を踏まえて

1 どこが間違っていたか

この事例では、担任は最善を尽くそうと努力しましたが、結果的には何の過失もないのに、精神的に追い込まれて、辞職するまでに至ってしまいました。対応の誤りを、以下3点に焦点化して解説します。

[対処法②→61頁]「相手の怒り＝こちらの落ち度」と早合点してしまった

本ケースの親は相当極端で、対応はきわめて難しかったと思います。しかしながら、相手の怒りが学校の対応不足から発生してしまったのではないかと、当初から誤解していました。真摯に、誠実に対応すればいつかは理解してくれると考えて、過剰要求に対して、共感的かつ受容的に対応してしまったのです。

「相手の怒りは自分の判断力を鈍らせる」ことは第2章で解説しました。本事例では学校の過失はほとんどありません。「訴えられたら困る」どころか、親の方が悪質な違法行為（威力業務妨害等）を繰り返しているとさえいえるのです。適切に警察やスクールロイヤーに相談し、毅然とした態度で臨むことが重要です。過剰要求を繰り返す親に対しては、必ず面談や電話の内容を録音し、メモをしましょう。

［対処法④➡71頁］相手の感情的決めつけに振り回されてしまった

　容易に感情爆発を繰り返す人は、自分が悪かったと反省することなく、相手が悪いはずだと固く信じています。このような認知の歪みはとても強固で、他者からの説明で揺らぐものではありません。「こちらがこんなに怒っているのだから、学校が悪いはずだ」という「感情的決めつけ」に、学校側が共感的に寄り添ってしまうと、事態は悪化もしくは複雑化します。

　本事例では、親は自分や自分の子どもの利益しか考えていません。理不尽で不合理な要求であるという認識すらないのです。さらに、本来ピアノのオーディションで選ばれた子どもやその保護者の気持ちなど関係ないと思っています。なぜなら、**「選ばれなかったうちの子どもが一番可哀想」**と考えているからです。教育関係者は共感性豊かな方が多いので、「良心の呵責が欠如」している人の言動を理解できません。だからこそ間違った対応をしてしまうのです。「ごく少数だが、このようなパーソナリティ特性を有している人が確実に存在している」ことを認識しておきましょう。医学的、心理学的知見がそのことを証明しています。

［対処法］総合的考察　管理職の対応が明暗を分ける

　本事例では校長の対応があまりにもお粗末で、最悪の結果になったのも当然です。責任の大部分は管理職にあります。第3章で解説した「やってはいけない10の対処法」を全てやってしまったといっても過言ではありません。

　モンスターペアレントの対応では、速やかに管理職に相談して組織的に対応すべきと、文部科学省のホームページにも「来校者等対応マニュアル（平成30年4月）」が紹介されています[3]。しかしながら、校長が

＊3　岐阜県教育委員会「来校者等対応マニュアル（平成30年4月）」文部科学省HPより
　　https://www.mext.go.jp/content/20200630-mxt_syoto02-000006216_01.pdf

このような姿勢では対応する教員が管理職に相談することさえ躊躇するでしょう。校長が問題解決のリーダーシップを発揮できていないので、過剰要求が暴走し、違法行為さえまかり通るような状況になってしまったのです。ある意味では、学校の対応がモンスターペアレントの行動を増長させていたともいえます。第3章で「管理職が心がけておくこと」についても詳説しましたが、本書で最も伝えたかったことの1つが、管理職の対応スキルとリーダーシップの重要性です。

2 学校が目指すべき解決方法

　私は、モンスターペアレントの対応に関するリーダーシップを以下のように考えています。

①心理学・医学・法学の基本的知識を身につける

②情報を一元管理し、根拠に基づいて、対応の方向性を決定する

③初期対応・初動態勢の枠組みづくりに全力を尽くす

④対応について教職員全員に周知し、理解を求め、具体的な指示命令を出す

⑤相談できる専門家とのネットワークをつくっておく

　このような対応スキルとリーダーシップはすぐに身につくものではありません。本書がそれに資することを心から願っています。

スクールロイヤーからの アドバイス

　子どもの成績評価に対し、保護者がクレームをつけることは珍しいことではありません。過去には、小学校の児童の成績が、「よくできる」「できる」「がんばりましょう」の3段階評価のうちの

「できる」であったことにつき、教育委員会を相手に、「よくできる」に変更することを求めて裁判を起こしたという事案もあります。成績表の作成は、学校長の広い裁量に委ねられており、成績を上げろという保護者の要求は不当なものといえ、要求に応じる必要はありません。

　連日に渡る必要以上の面談要求は許容範囲を超えており、学校側はこれに応じる法律上の義務はありません。威圧的な態度をとったり、静止に従わずに大声を上げ続けた場合は、公務執行妨害罪（刑法95条1項）や威力業務妨害罪（刑法234条）が成立する可能性があります。

　限度を超える電話や面談要求が繰り返される場合には、民事上の手続として、架電禁止・面談禁止・行政事務妨害禁止などの仮処分を申し立てるという方法もあります。裁判所から保護者に対し、学校や教育委員会に電話をしたり、面談を求めないよう命令してもらうものです。また、簡易裁判所に調停を申し立てるという方法もあります。第三者である調停委員を介して保護者の言い分を聞いてもらい、できることとできないことを整理して解決に導くという方法であり、直接保護者に対応する必要がなく、話し合いの場を裁判所に限定できるというメリットがあります。

　被害届を出したり、仮処分を申し立てる場合には、保護者の発言内容や対応時間等が重要になるため、電話や面談の内容及び対応時間については録音・録画して証拠を集めることが重要です。録音・録画には相手方の承諾は必要ないことが多いです。録音等が間に合わない場合には、対応直後にメモを取ることでも構いませんが、メモには時系列で、具体的な発言内容を含めて、できる限り詳しく記録することが重要です。

過剰要求がエスカレートする事例

事例3 　不安が強く、あらゆることを学校に依存する保護者のケース

　小学校2年生のA君は素直な性格で運動が大好きです。ただし時々些細なことがきっかけでかんしゃくを起こすことがあり、暴言や他害行為によって他の子どもたちとのトラブルが絶えません。知的に問題はないのですが、読み書きが苦手で、特に書く作業になると、途端にイライラして教室から出て行こうとします。昨年度の担任とは相性が悪かったのですが、今年はベテランの女性の先生でまずまず安定した学校生活を送っています。

　母親はとても心配性で、明日の持ち物から課題の提出まで、ありとあらゆることを学校に尋ねてきます。特に大きな行事があると、その練習から当日のスケジュールまで全て把握していないと気が済まないようです。担任に指示されたことは、完璧なまでに一生懸命取り組むのですが、ほんの少しでもうまくいかないと、落ち込んでしまう様子がうかがえます。

　当初担任は、安心感を与えるために全ての問い合わせに応じていましたが、さすがに同じことを何度も回答するのに疲弊してきました。さらには、母親自身が安心するために、あらゆることを担任任せにしようとします。

　母親は「学校のことなので、学校は全て親が理解できるまで説明してほしい」「運動会の練習は全て学校で実施し、親の負担を一切取り除いてほしい」「うちの子は書くのが苦手なので、全ての課題を学校で済

ませてほしい」といった具合に要求がエスカレートしてきました。

　担任は「懇談会の時にしっかりお話ししましょう」と伝えましたが、何かを拒否されると感じたのか、「懇談会は出たくない」と言い出しました。そこで家庭訪問を提案しましたが、「一体何を話し合うのか？」「こちらを批判するつもりか？」「批判されるようなら来てほしくない！」と一方的に興奮している様子でした。

　昨年度の他の子どもたちとのトラブルの話題にも極端に敏感で、「学校で起こったことは全て学校で解決してほしい」とか、「私は他の保護者との話し合いは苦手なので、全て学校に任せます」との一点張りです。

　ようやく両親で学校に来てもらうことになりましたが、父親は「もう金輪際、このような件で呼び出したり、家庭訪問したりすることはするな！！」と、突然大声で怒鳴り始めました。後になってわかったのですが、母親は学校に何を言われるのか極度の不安状態になり、父親に一晩中「どうすればよいか？」「批判されたらどうしよう」「子どもの勉強について親が責任を持てと言われるのではないか」と相談していたようです。父親はそれに付き合わされ、イライラして腹いせに学校側を攻撃してきたのです。

　父親の興奮は収まらず、「先生のくせに、こんなことも解決できないのか！！」「うちの子を退学させるつもりか!?」と罵倒するに至り、異常を感じた教員らが駆けつけて事態は収まりましたが、一生懸命対応してきた担任は深く傷つき、休職を余儀なくされました。

1 保護者の特性をつかむ 第2章を踏まえて

1 パーソナリティ特性の評価

[Cクラスター：不安が強く内向的かつ依存的な保護者の例]

　第2章の表2-1（38頁）に示したとおり、Cクラスターのパーソナリティ特性の強い人は、極端な不安や恐れを抱いています。その不安はどちらかというと、「恐怖」に近く、一般の人からは理解できないほど強度です。そして、ありとあらゆることに対して不安を感じており、自分自身で解決できる自信がないので、全てを他者に依存する、もしくはケアしてもらうことを要求します。極度の対人過敏性も特徴的で、ほんの少しの批判でも深く傷ついてしまうので、自らが批判される場面を回避しようとします。

2 被害者意識の傾向と行動特性

　本事例の母親のパーソナリティ特性を評価していきましょう。Cクラスターのパーソナリティ障害は3つ存在していますが、依存性パーソナリティ特性と回避性パーソナリティ特性の両方を強く有していることが推察されます。

[特性①] ケアをしてもらいたいという広範かつ過度の欲求が、過剰要求を生み出している

依存性パーソナリティ症の特性

（DSM-5 を参考にした特徴の一部）
「他者への依存に至る、ケアをしてもらいたいという持続的で過剰な要求」

以下のいくつかのエピソードで明らかになります。

- 他者からの法外な量の助言やサポートなしでは、安心して日常生活を送れない
- 生活のほとんどの重要な側面について、他者に責任を負ってもらう必要がある、もしくはそれを強く望んでいる
- 自分の判断や能力に自信がないあまり、1人で計画し実行することが困難である
- 自分のケアをすることができないことを恐れるあまり、1人でいることに不快感または無力感を覚える
- 1人にされて自分のケアをすることになる恐れに対して非現実的な心配をする

いくつかのエピソードで検証しましょう。

「ありとあらゆることを学校に尋ね」、「全てを把握しておかないと気が済まない」といった母親の行動のエピソードは、「**他者からの法外な量の助言やサポートなしでは、安心して日常生活を送れない**」という特性が該当します。実際に母親からの多様かつ些細な問い合わせに、担任も疲弊しています。

「親の負担を一切取り除いてほしい」、「全ての課題を学校で済ませてほしい」といった過剰要求も常識的には逸脱していますが、「**生活のほとんどの重要な側面について、他者に責任を負ってもらう必要がある**」という特性が該当しています。その背景には、「**自分の判断や能力に自信がないあまり、1人で計画し実行することが困難である**」という特性が、母親の行動につながったのかもしれません。

母親は常に「**1人にされて自分のケアをすることになる恐れに対して非現実的な心配**」をし続けています。ですから父親に一晩中、自分だけ

が責任を負わされることがないように訴え続けたのです。この場合は自分のケアというよりもＡ君のケアですが、１年生の時のトラブル対応で思い通りにならなかったとか、うまく自分の子どもを指導できなかったという不安が強かったのでしょう。２年生になって全てを担任や父親に任せたいという欲求が強化され、過剰要求や担任に対する暴言につながったのだと推察されます。

　暴言自体は父親の行動ですが、父親自身も、母親の依存性パーソナリティ特性に困っていた可能性があります。いくら不安を取り除こうとしても不安は軽減しませんし、不安が強化されればされるほど、父親に依存しようとするので、父親もどうしてよいかわからなかったのです。しかし、そのような背景が現実的に存在したとしても、担任に対する過剰要求や暴言は許される行為ではありません。

［特性②］ 自分に自信がなく、うまくやれそうにないと、様々な理由を
　　　　　つけて逃げる（回避する）

回避性パーソナリティ症の特性

（DSM-5 を参考にした特徴の一部）

社会的接触の回避、自分に対する批判や拒絶に対する過敏さを示

す持続的パターン

　以下のいくつかのエピソードで明らかになります。

- 自分が批判されたり、拒絶されたりすること、または他者に気に
  いられないことを恐れるため、対人的接触を伴う活動を回避する
- 自分が受け入れられることが確実でない限り、人と関わりたがら
  ない
- ささいな批判を恐れるため、親密な関係を築くことができない
- 新しい社会的状況で抑制的（消極的）になる
- 恥をかく可能性があると、新しい活動に参加したがらない

　いくつかのエピソードで検証しましょう。

　「何かを拒否されると感じたのか、『懇談会には出たくない』と言い出
しました」というエピソードは、「**自分が批判されたり、拒絶されたり
すること、または他者に気にいられないことを恐れるため、対人的接触
を伴う活動を回避する**」特性とうまく合致します。回避性パーソナリ
ティ特性が強い人は、少しの批判でも恐れ、傷つく傾向があります。つ
まり「**自分が受け入れられることが確実でない限り、人と関わりたがら
ない**」のです。

　母親は「一体何を話し合うのか？」「こちらを批判するつもりか？」「批
判するなら来てほしくない！」と一方的に被害者意識を暴走させていま
した。母親の回避性パーソナリティ特性や被害者意識、認知の歪みが一
体化して、学校トラブルに発展しましたが、それぞれ以下のように解釈
できます。

①**ささいな批判を恐れるため、親密な関係を築くことができない**

　先生を信頼したいし、よくしてもらっていると考えているが、子ど
　ものことを含めて、自分の対応が批判されることを回避したい

②新しい社会的状況で抑制的（消極的）になる

　新しい担任は、全く知らない人なので、「何を言われるのかがわから
ない」。新しく人間関係を築くのが苦手なので、批判されそうな場面
をできるだけ回避したい

③恥をかく可能性があると、新しい活動に参加したがらない

　子どものことで先生や他の保護者に助言されたり、批判されたりす
るかもしれない。そのような場面で自分がうまく対応できる自信が
ないので、可能な限り回避したい

2 対応のポイント 第3章を踏まえて

1 どこが間違っていたか

　この事例では、担任は最善を尽くそうと努力しましたが、結果的には
精神的に追い込まれて、病気休業を余儀なくされました。以下3点に焦
点化して解説します。

［対処法⑤➡76頁］**保護者とのもろくて短期的な信頼関係に囚われてし
　　　　　　　　まった**

　前年度に様々な問題行動を示した子どもを担任するケースでは、ベテ
ランの先生ほど慎重かつ丁寧に生徒指導や学級経営をしようとします。
さらに前年度、保護者が担任とうまくいかなかったケースでは、密接に
保護者と連絡を取り合い、早急に信頼関係を構築しようとします。しか
しながら、そこが落とし穴になる場合があります。

　常識を越えた要求を一旦受け入れてしまうと、多くの事例で要求がエ
スカレートして加速度的に歪んでいきます。**彼らが言う「全て学校に任
せます」は信頼の表れではなく、「責任の転嫁」であり、「学校依存と責
任の回避」なのです。**これらを引き受けたからといって、本当の意味で

の信頼関係の構築には至りません。まさに過剰要求に応えることで、「**保護者とのもろくて短期的な信頼関係に囚われてしまった**」のです。

　過剰要求が開始された時点で、管理職が前面に立ち、「**保護者は第一の養育責任者です。親の役目を学校が肩代わりできるものではありませんし、するべきではありません。しかし、お困りのことがあれば学校側も真摯に伺い、問題解決に向けて協力いたします。特にお子さんの読み書きの問題については、学校と保護者がよく理解し合い、専門家にも相談しましょう**」と回答すべきだったのです。

［対処法⑧➡95頁］極端で過剰な要求をする保護者に振り回されてしまった

　極端な要求を受け入れていくと、何が常識かわからなくなってきます。過剰要求とわかっていながらも、親が本当に困っているとき、助けないということはできないでしょう。一旦援助してそれがうまくいくと、親は担任や学校に謝意を示します。もちろんそのときは本当に感謝していると思います。

　しかしながら、この事例のような親は、それをきっかけに長期的な信頼関係を構築することを目的としていません。可能な限り自分の責任範囲を狭めるか、自分でなく担任を中心にした学校が対応してくれるようになることを目的にしているのです。

　教員は親の感謝の気持ちをとても大事にしますので、一旦過剰要求を受け入れることで感謝されると、もっと親の満足度を高めようと努力します。うまく対応してもらえた親は、そもそも依存性も回避性も高いパーソナリティを有しているので、一層学校に依存して自分を守ろうとするのです。このような悪循環が継続して本事案は発生しました。このようなタイプの保護者に対しては、どのような特性の人物かをよく見極めないまま、相手の意に沿って「全面的共感」や「徹底的に寄り添う」とい

う対応が危険であるということがわかると思います。

[対処法] 保護者のパーソナリティ特性の理解が不十分であった

　依存性パーソナリティ特性や回避性パーソナリティ特性のある保護者対応で、これまでに苦慮した経験のある先生は少なくないと思います。丁寧にお願いされるので、最初は何とか困りごとに応えてあげたいと対応するのですが、次第に「単なる担任依存」状態になってしまっているのです。

　子どもの特性を鑑みると、きめ細かな指導は必要ですが、この事例では明らかに親による過剰要求が問題であると判断できます。「学校のことなので、学校は全て親が理解できるまで説明してほしい」とか、「親の負担を一切取り除いてほしい」という訴えがあった時点で、対応を再構築する必要がありました。

2 学校が目指すべき解決方法

　保護者からの過剰な要求は、パーソナリティ特性によるものであり、共感的かつ受容的対応が行き過ぎると、かえって過剰要求を促すことになります。**重要な判断基準は「常識」です。**学校がすべきことと保護者がすべきことは何かを常に念頭において、タイミングよく親に周知することです。実際にやってもらって、親の対応スキルをつけていくという視点も重要です。

　不安特性が強い方は、あらゆることに対して不安を感じます。まさに「恐怖」に近いのです。ここまで悪化すると、現実的な検討力が失われてきます。特に不安に感じそうな学習や行事がある場合には、先手を打って事前に説明し、不安を取り除く作戦も有効だと思います。

　一方で、経済的に苦しいとか、兄弟が多くて手が回っていかないとか、父親が協力的でない、という理由で「学校依存・担任依存」になってい

るケースがあります。これらの対応は異なるべきです。こうした問題がある場合は、学校だけでは対応できませんし、すべきではありません。行政の児童福祉担当課や児童相談所などによる状況把握や支援が優先されます。2023年度から「こども家庭庁」が発足しました。子どもや家庭を支援する各自治体の組織も強化されてきています。全て学校が抱えるのではなく、このような地域の組織や資源と積極的に連携し、地域全体で子育てを支えていくようにしたいものです。

スクールロイヤーからの アドバイス

　保護者の要望が節度をもって行われる場合には、公務執行妨害罪や威力業務妨害罪等の刑事責任を問うたり、仮処分の申立てを行うことは難しく、対応に苦慮されているかと思います。

　しかし、事例2と同様に、許容範囲を超えた過剰な要求には法律上応じる義務はありません。担任が保護者対応に苦慮している場合は、管理職は担任から報告を求めたり、アドバイスをして、状況を把握するといった注意が必要です。そして、担任のみでは対応が困難な場合は、学年主任や管理職の教員が代わりに対応するなど組織として対応し、担任の精神的ケアを図る必要があります。ケアを怠って当該教員が精神疾患等を患った場合は、学校側の教員に対する安全配慮義務違反を問われる可能性があるので、十分な注意が必要です。教員の中には、「学級運営ができていない」「保護者対応も満足にできない」と思われたくないという気持ちから、管理職などに困っている状況を伝えたくないと感じたり、一人で抱え込む人もいます。学校としては、校長のリーダーシップの下に役割分担を明確にし、教頭や指導主事を中心に、担任か

ら報告を受け、アドバイスするなど、フォローアップ体制を構築することが重要です。

　他方、保護者からのクレームや過度の要望には、家庭内のトラブルが起因している場合が少なくありません。この場合には、教員のみで対応することは困難ですので、教育委員会とも情報を共有した上で、スクールカウンセラーやスクールソーシャルワーカーなどの専門職とも連携して対応に当たることが必要です。専門職等が関与する中で法律上の問題が根底にあると思われる場合には、スクールロイヤーや地方公共団体の顧問弁護士等、早めに弁護士に相談してもらいたいと思います。筆者が関わっている三重県内の市町の中には、任期付短時間公務員として弁護士を採用し、保護者から離婚や子の身上監護などの法律相談を行っているところもあります。

全国の"アンサング・ヒーロー"に本書を

　本書執筆中に何度も想起した光景があります。40年以上前のことでしょうか。私の父は地元の小・中学校で校長をしていました。ある親が校長（学校）の対応のまずさに激怒し、なんと自宅まで連日押しかけてわめき散らしていました。詳細は省きますが、とんでもない理由でした。これが私のモンスターペアレントとのファーストコンタクトです。

　教員はなんて難儀な仕事なんだとあきれ、自分だけは一切御免だと考えていましたが、現在全く同じ立場で、同様の業務で頭を悩ませている状況に、運命的な因果を感じています。本書の内容を父と話したことは一切ありませんが、これを読んだらどう感じるでしょうか。多分、目を丸くするでしょう。

　私は教員養成の仕事に誇りを持っています。仕事に優劣はありませんが、世の中でも、とっても大事なお仕事をさせていただいていると、感謝の念すら抱いています。よく学生は、「モンスターペアレントにあたったらどうしよう」とか「どうしたらよいですか？」と質問しますし、それがいやで教職を選ばないということさえあります。義務教育諸学校の先生の存在は、国家の基盤です。先生方には安心して本来の業務に専念してほしい、そんな気持ちで本書を執筆しました。

　現職教員の研修も私に課せられた重要な任務です。校長をしている際、保護者対応で苦しんでいる先生を見て、「絶対守らなくてはならない」という決意と共に、どのような対応をすべきか、具体的かつ科学的な研修実施の必要性を痛感しました。また、管理職の先生に対する実践的な研修が不可欠であると確信しました。保護者対応に疲弊すると、十分な実力が発揮できないので、教科指導や学級経営、学校運営にまで影響してしまうのです。

　私は、学校の先生を「アンサング・ヒーロー（unsung hero）」だとリ

スペクトしています。「その功績が歌に歌われて、称えられることのない英雄」という意味です。全国の先生方は最前線で問題解決のために全力で格闘しながら、称えられることは稀です。称えられることすら期待していません。そんなヒーローが不当かつ不合理なクレームで苦しんでいる姿は見るに堪えません。本書が、全国の先生方の保護者対応のスキルアップや、管理職のリーダーシップ向上、学校組織の態勢強化に寄与できれば幸甚です。

　これまでに関わらせていただいた、たくさんの方々にお世話になり本書を上梓するに至りました。心から深謝申しあげます。そしていつも支えてくれている妻に、特別の感謝を捧げます。

松浦直己

●執筆者紹介

松浦直己 (まつうら・なおみ)

三重大学教育学部特別支援教育特別支援（医学）分野教授、同大学教育学部附属学校企画経営室室長。博士（学校教育学、医学）。神戸大学教育学部卒業後、神戸市公立小学校教諭を 15 年経験。その後、奈良教育大学特別支援教育研究センター、東京福祉大学を経て現職。言語聴覚士、学校心理士、公認心理師、特別支援教育士スーパーバイザー、専門社会調査士などの専門資格を有する。三重県障害児就学指導委員会委員長、平谷こども発達クリニックスーパーバイザーなども務める。専門は少年非行、特別支援教育、発達障害、犯罪心理学、近赤外線スペクトロスコピーを用いた神経学的評価研究など。

…第 1 章第 1 節・第 2 節、第 2 章、第 3 章、第 4 章「事例・本文」担当

楠井嘉行 (くすい・よしゆき)

弁護士・博士（医学）、三重弁護士会所属。三重大学学長顧問。中央大学法学部卒業、名古屋大学大学院修士課程、三重大学大学院医学系研究科博士課程（公衆衛生・産業医学分野）修了。三重県職員を経て昭和 60 年に弁護士登録。行政クレーマー、医療クレーマー、モンスターペアレントをはじめとするクレーマー対策に詳しい。地方公共団体のいじめ問題第三者委員に就任するなど、教育行政にも明るい。

…第 1 章第 3 節、第 4 章「スクールロイヤーからのアドバイス」担当

保護者をモンスター化させない10の対処法
法律と根拠に基づく学校トラブル解決

2023 年 9 月 1 日　発行

著　者 ·····················松浦直己・楠井嘉行
発行者 ·····················荘村明彦
発行所 ·····················中央法規出版株式会社
　　　　　　　　　　　〒 110-0016 東京都台東区台東 3-29-1 中央法規ビル
　　　　　　　　　　　TEL 03-6387-3196
　　　　　　　　　　　https://www.chuohoki.co.jp/

印刷・製本 ··············奥村印刷株式会社
装幀・本文デザイン ·····伊藤まや（Isshiki）
装幀イラスト ··········寺崎　愛
本文イラスト ··········加藤まみ

定価はカバーに表示してあります。
ISBN978-4-8058-8939-8

本書の内容に関するご質問については、下記 URL から「お問い合わせフォーム」にご入力い
ただきますようお願いいたします。
https://www.chuohoki.co.jp/contact/